茉莉絵

なりたい私へ

人生に正解はない。
自分らしく咲き誇れ

はじめに

もしタイムマシーンがあったなら、あなたは過去に戻って、何か後悔したことをやり直しますか？　それとも未来に行き、これから起こり得ることを変えますか？

あなたの答えはなんでしょう？　人それぞれ、これまでの人生の歩みによって感じ方は異なると思います。

私は中国に生まれ、9歳で初めて日本に来ました。幼少期には波瀾万丈な時期があったものの、高校卒業後は、世間で多くの親が願ったように、大学へ進学し、大手企業に入社して、いわば将来が安泰と思われる人生を歩む道を選びました。しかしながら、いつしか起業し、リサイクルショップ、認可保育園運営などを手がける経営者への道を突き進むことになりました。

そんな「私」を、敢《あ》えていばらの道を選択する異端者のように捉える人々も多くいるでしょう。実際に、そう言われることは少なくありません。でも、今の「私」は、そんな人生を選択してきた自分を誇りに思えるのです。

こうした生き方をしてきた私の答えは、

「タイムマシーンは必要ない。なぜなら時間は進んでいくもので、過去と未来を変えられるのは、『今』この瞬間を生きている『現在』の自分でしかないから」

です。

私は、「今」という一瞬一瞬に目標を持って後悔なく生きていれば、必ず理想の未来に繋がると信じています。


これまでの人生を振り返ると、様々な出来事がありました。両親と別れて中国で暮らした幼少期、中国の小学校で壮絶ないじめにあったこと、自分で決めた進路や就職、結婚と出産、そして起業など、我ながら30代半ばまで、とても濃密な人生を送ってきたなと思います。本当に目まぐるしく、ジェットコースターに乗ったかのようなアップダウンも経験しました。

例えば起業。

当時、「保育園を開設したい」という情熱だけはありましたが、そのときはなにしろ未経験です。行政、地域住民、職員等々をめぐる煩雑な交渉や書類の束に、できないかもしれない……と何度か心が折れそうになりました。でも、「やりたい」ことをあきらめることだけは嫌でした。とことんやって、それでもできなかったら、あきらめてもいい。けれどまだ私は力を出し切っていない。そんな思いで無我夢中で突き進んだ結果、時の運もあって奇跡的に認可保育園を開設することができました。その後、様々な人たちに支えられ、最終的にはおよそ4年間で行政委託型認可外保育園、認可保育園含め、7園の保育園経営をするまでに至りました。

自分が願えば何にだってなれる――、これらを果たしたとき、実感しました。

私のルーツである中国・福建《ふっけん》省は、会社に勤める（雇われる）というよりも、自分で会社を立ち上げる人が多い地域です。華僑《かきょう》文化の下《もと》、私の両親も日本へ渡り、苦労して自分たちの店を持ちました。そんな遺伝子の影響があったのかどうかわかりませんが、私も同じように、自然と自分で「何かをしたい」と常に思っていました。

私の感覚にすぎませんが、日本では、まだまだ女性の起業が少ないような気がします。とくに結婚すると、「母親たるもの、妻たるものは家を守るのが当然の役割」というような文化があり、将来の夢は「花嫁さん」。結婚したら「専業主婦」になるのが一種のステータスという概念は、中国人女性においては想像し難いものでした。もしかすると、日本文化の特殊性もあるのでしょうか。

今でこそ、こうした概念は主流ではないかもしれませんが、実際にそうした空気感は、私が就職や起業をしたごく最近の日本でも、ちょっとしたときに感じられるものだったのです。

新卒で入社した日本企業で、結婚後に海外赴任の機会がありました。総合職として入社したため、私のなかでは、将来的には日本各地や海外への転勤はもちろん想定していたことです。このときは、若手実務研修生として、1年間限定で海外支店で経験を積むという社員教育の一環でしたが、渡航先の日本現地法人の責任者から驚きの言葉をかけられたこともありました。

「君は旦那を一人、日本に置いてきたのか?! えっ! じゃあ、旦那は自分で洗濯したり、料理してるのか?」

こう聞かれ、ご年配の日本人男性だったということもあり、私の単身赴任についてかなり驚いていた様子でした。まだ若い私のほうは、こんなことを聞かれて驚かれたこと自体に戸惑いながら、

「えっ⁉　ダメですか？　総合職入社ですから、しかたないんです」

と答えた気がします。すると、「へぇ〜」と感嘆されたさまが今でも脳裏に残っています。日本の女性たちが、自分の力（能力）をもっと試してみたら、世の中を変えていけるかもしれないのに……。異文化圏から来た私は、もったいないなと思わずにはいられませんでした。

もちろん人それぞれの人生ですので、正解・不正解の問題ではなく、その選択が、自分らしくて有意義な人生であればそれでよいと思います。ただ、その選択に満足していない場合も少なからずあるのを、これまで友人知人たちとのお喋りのなかで知りました。

昨今、幸いなことに、社会は女性の活躍を後押しする風潮が主流になりつつあります。大手企業では、女性管理職の登用が盛んに行われるようになっていますし、一般的に女性の起業支援は、男性の支援よりもバックアップが手厚いのです。私の知る限りにおいて、起業の際に必要不可欠な融資ひとつとっても、日本政策金融公庫などで女性起業家支援資金のよう

なものが整備されているはずです。また、各自治体でも女性向けの支援融資を行っています。まずは、「小さいことから始めてみよう」と行動してみることも大切だと思います。

起業は私に自信をくれました。

そんな姿を幼い二人の娘たちはどう見ていたのでしょうか。いつか彼女たちも、人生の選択と決断に悩まされるときがくるでしょう。何かに挑戦しようとしたとき、やるかやらないか。そんなとき、少しでも私の歩んできた道が彼女たちの選択にあたって勇気づけになればと思い、今回、出版を決意しました。

人生は一度しかありません。自分に悔いのないように、いろいろなことを経験してほしいのです。「これをやっておけばよかった」というようなことを、あとになって言わない人生を送ってほしい。親ならば、誰しも願うことでしょう。

まだ小さい娘たちですが、失敗しても成功しても、それはすべて彼女たちの糧《かて》になります。自分たちの望む「何者か」になれるよう、私は応援していきたいと思います。そして、縁あってこの本を手に取ってくれているあなたにも、私のエールが届くことを願っています。

本書の「私の物語」が、日々「懸命に生きる」多くの方々の「物語」に役立つことができれば、とても嬉しく思います。

以下、本書にも登場する、行政上の用語として用いられる保育園の名称とその違いについて、簡単に説明しておきます。

①行政委託型認可外保育園
行政側で施設や備品などのハード面を整備し、運営を外部事業者に期限付きで委託するタイプの保育施設。

②認証保育園
東京都独自の制度に基づくもの。東京の特性に着目した独自の基準で、多様化する保育ニーズに応えるための保育施設。

③認可保育園
児童福祉法に基づく児童福祉施設で、国が定めた設置基準をすべてクリアして都道府県知事に認可された施設。

④認可外保育園

認可外保育施設指導監督基準を満たす保育施設。その目的や保育内容を自由に決められるため、独自性がある。

⑤小規模認可保育園

2015年にスタートした「子ども・子育て支援新制度」に含まれる事業の一環で、歴史が新しい保育施設。認可保育園が定員20名以上、0歳から小学校就学前の子どもを対象としているのに対し、小規模認可保育園は定員6~19名、0歳児~2歳児までの子どもを対象としている。

＊各施設における園児の集客について

①③⑤……保護者と市区町村が利用契約を行い、施設側での集客の必要なし

②④　……保護者と施設が直接利用契約を行い、施設側での集客の必要あり

なりたい私へ
contents

はじめに 1

序章 育てあげた保育園事業をM&Aで譲渡

第1章 生い立ちが育んだもの

なぜ私を置いていったの？ 22
田舎での生命力溢れた暮らし 26
試練の日々が始まる 30
中国の小学校と受験競争 32
迎えに来てくれた父と日本へ 37
来日3日で日本の小学校へ編入 39

両親の中華料理店を手伝う　44
どんな経験も人生の糧。嫌なことにはきちんと「NO」を言う　46
常連さんたちに育んでもらったコミュニケーション力　50
一家で帰化。林茉莉絵《はやしまりえ》の誕生　52
高校と大学進学　55
周囲の大人からかけてもらった言葉　60
国際的な活躍を目指して全日本空輸（ANA）へ就職　63

第2章　初めての起業と出産

起業するなら5年以内に　70
保育園に入れない!?　75
人生は一度きり。「考える前に跳べ！」　77

第3章 認可保育園開設と自己実現

働くママの手助けをしたい 80
保育園開設に必要なこと 82
子連れで役所の窓口へ 86
「マリー保育園」と命名して人員確保を目指す 89
施設長候補の面接後のハプニング 92
思いを詰め込んだ開園準備 98
ついに開園！ そして第2子妊娠へ 101
職員の一斉退職 105
双子の流産と保育士試験 107
保育士試験合格まで（目標達成の方法） 110
小規模認可保育園の園数拡大へ 114

第4章　保育園事業の急拡大と譲渡の決断

初めての認可保育園開設。チャンスは逃さない　120
危機を乗り越えた奇跡的な次女の出産　124
急拡大する事業とともに　129
離婚の危機　132
家事・育児のアウトソーシングと夫婦の在り方　136
保育園運営においての「リーダーシップ」とは　141
「適材・適所」という人員配置の難しさ　147
初めて直面した園開設に伴う近隣トラブル　150
迷いに迷った「保育園譲渡」を最高益が出た年に決断　155

第5章 「なりたい私」になる

「私」を愛せる「私」になる 164
「価値交換」の原理を知る 170
妻、母の前に一人の「個人」であれ 173
「徳慧《とくけい》の学問」は一生の学び 178
幸運は「不幸の衣」をまとってやってくる 181
魅力的な「私」になる 183
「独活」と心の成長 188
「引き寄せの法則」で、なりたい自分をイメージする 193

おわりに 197

装幀　アートディレクション：奥村 靫正（TSTJ Inc.）
　　　デザイン：真崎 琴実（TSTJ Inc.）

なりたい私へ

人生に正解はない。自分らしく咲き誇れ

序章 育てあげた保育園事業をM&Aで譲渡

2020年7月1日。

今でも忘れません。この日は快晴で、空高く綿雲がぽかりと浮かんでいました。それを見つめていると、高揚感と安堵感が一気に込みあげ、私は胸がいっぱいになってきました。目を閉じ、深呼吸をしました。

「いよいよだ……、この日を無事に迎えられたことに感謝します……」

心の中で念じました。4年間がむしゃらに頑張ってきた保育園事業を、この日、私は都内の某福祉大手企業に譲渡しようとしていました。調印式が行われた品川プリンスホテルにあるレストランの個室では、私と母、そして譲渡先企業の役員数名と会長が揃っていました。

調印直後、気づけば私の目には涙が溢れていました。起業してからは、会社の責任を負う立場として、人前では決して泣かないと決めていました。どんなに辛《つら》いことがあろうとも、乗り越えなくてはならないと鼓舞し、鋼《はがね》の鎧《よろい》をつけていたのです。その鎧が、まさにこの瞬間、一気に体から剝《は》がれ落ちたような感覚でした。

後悔はありません。

譲渡したこの年、財務上は最高収益を上げていました。男性経営者であれば、こんなタイミングでは手放さない方が多いかもしれません。でも私は出産、育児をこなしながらの身です。どうしても時間の制限がありました。急拡大する法人をまとめる立場ゆえ、中途半端な仕事の関わり方はできません。2園、3園……と増えていくと、事業体としての収益はともかく、組織が大きくなったために、人のマネジメントが難しくなってきました。現場である保育園の人員を増やすことに心を砕き、本部組織の強化に手が回らないまま、事業だけが先に拡大する流れとなってしまったのです。

このとき、職員数はすでに80人を超えていましたが、新規園開設、採用人事、総務、監査対応、行政対応、請求対応、給与処理など、多くの重要な業務を私が一手に担っているような状態でした。本部組織のサポート人員も不足しており、何よりこれらの業務を信頼して任せられる後任者の育成が間に合っていなかったことが響きました。

私自身、片時《かたとき》も気の休まらない日常に、当時は相当に疲れていました。もともと先天性片腎《へんじん》の持病があり、そのことも影響していたかと思います。このような状況下で、経営者の責務として最も重要な問題は、とにかく職員を守るためにはどうすればよいのかということでした。

そこで思い浮かんだのが、M&Aによる企業譲渡です。

私が思い描く理想の組織体制にまで育てるには、まだ5〜10年かかるところを、この方法なら確実に、譲渡後すぐに実現可能だとわかりました。譲渡先は上場を控えた大手福祉企業で、譲渡後の職員の安定雇用を最優先に検討してくれていました。

もちろん、収益が上がっているのだから、体調の心配だけであれば、代表を変えるなり、何かしら対策はできるとの助言も多くいただきました。

「このまま経営を続ける」か、それとも「手放して退陣する」か。

人生は、選択と決断の連続です。決断のスピードには昔から自信があった私も、このときばかりは何日も悩み抜きました。苦渋の決断とはこのことか……、そう実感しました。

ふっと、傍《かたわ》らにいる我が子たちに目をやりました。このときはまだ、長女が5歳、次女は2歳です。私は、自分の子どもにどれくらいの時間をかけてやっているのだろう――そう思わずにはいられませんでした。運営している保育園では300人以上の子どもたちが日々保育園生活をしていて、気がつけば、自分の子ども以上に保育園運営にかける時間のほうが、圧倒的に多くなっていました。当然といえば当然です。経営を続けるなかで、「保育園の先生や子どもたちを守りたい！」という思いが、いつしか「自分の子どもたちを守りたい！」を上回っていた事実にはっとさせられました。

「そうだよね、私はこの子たちの母親。娘たちも守らないと……」

そう思った瞬間、保育園に関わるすべての人を守るため、そして、自分の子どもたちを守るため、私は経営者であり、母親であり、しかるべき時にしかるべきことをやろう！　今は譲渡しか道はない！と決心したのです。

調印式の最後、込みあげる涙を拭きながら、私は譲渡先の皆様に伝えました。

「我が子以上に愛情を込め、手間暇かけて育ててきた保育園です。先生方、そして子どもたちを託させていただきます。どうか、今後は私の代わりに温かく育ててあげてください。何卒よろしくお願いいいたします」

深く頭を下げて、その場を後にしました。

意気揚々と起業したときの私からは、こんな日がくるなんてことは、想像もできませんでした。人生は諸行無常です。

移りゆくその先の1ページへと、「新しい私」が始まります。

第 1 章

background

生い立ちが育んだもの

なぜ私を置いていったの？

第1章は、私を知っていただくために、私のバックボーンとなっている生い立ちから書いてみたいと思います。

中国の南東に位置する福建省《ふっけん》――。私はこの街に生まれました。

福建省は、海と山に囲まれ、自然豊かなところです。古くから港を使っての交易が行われており、海外への窓口となっていました。そのため、諸外国へ移住する人や仕事を求める人が多くいました。それはいわゆる「華僑文化」というもので、古来、ほかの地域よりも行動力に富んだ人々が集まる地だったのです。

私の両親も例外ではありませんでした。日本で新しい仕事を見つけるため、わずか4歳の私を一人中国に置いて旅立っていきました。１９８８年のことです。

後年、我が子を持ってから、母にそのときのことを聞いたことがあります。心の中では、わだかまりが残っていたのです。

「お母さんが私から離れたとき、私もちょうど4歳だったよね。いま、私がこの子たちと離れられるかと言われたら、絶対に無理だと思う。お母さん、よく決断できたね。辛くなかったの？」

「そうね……、辛かった。でも、あの時代はしかたなかったのよ」

来日前、父は中国銀行に勤める銀行員で、母は看護師でした。子どもは私一人。改革開放した当時の中国では、どちらかというと恵まれた環境に育ちました。しかし、問題はお金ではなかったのです。その頃の中国という国には、いわゆる悪習慣がありました。

「あの頃の中国の銀行では、それなりの役職につくと、賄賂《わいろ》というものがつきものだったの。お父さんが賄賂を拒否すればリストラにあうかもしれないし、受け取ったら受け取ったで当局に逮捕される。役職が上にいくほどそういう仕組みになっていた……。お父さんも順調にいけば、もうすぐ支店長だったけど、歴代の支店長はみんな逮捕されるか海外に逃亡してしまっていたの。だから、あのタイミングで辞めるのは、唯一、希望が持てる道だった。それで、留学生という形で日本へ渡ろうとしたの」

銀行員として上を目指すなら、やはり学歴が必要でした。父の入行は、当時地方官僚だった祖父のいわばコネだったため、大学を出ていなかった父は銀行を一年休んで大学へも行っていました。その後、順調に出世したのはよかったのですが、支店長になれば、いつも何かに脅《おび》えていなくてはならない。相当のジレンマがあったのです。

「でも、どうして日本だったの？ アメリカでもオーストラリアでもいいんじゃない？」

「日本はあの当時、ちょうど日中国交正常化で、中国からの留学生をたくさん受け入れていたのよ。それに同じ漢字を使う国だったから、日本語ができなくてもなんとかなるような気がしてね」

私たちの国である中華人民共和国は１９４９年に建国しましたが、それから23年間、国同士の行き来はなかったのです。１９７２年、日本と中国はようやく国交正常化を果たしました。その後、中国人留学生の受け入れも積極的に行っていました。そんななか、両親はアメリカンドリームならぬジャパニーズドリームを摑むべく渡日しました。

父の大変だった状況についてはある程度の納得はしたものの、わずか4歳の一人娘を置いて夫婦二人で遠い日本へ行く決心をしたことは、まだ私の中に引っかかっていました。

「私を一緒に連れていくという選択肢はなかったの？」

「福建はね、古くから華僑文化で、子どもを置いて出稼ぎにいく風習というか、そういう人たちがとても多かったの。親戚もみんなそうだった。それに日本へ渡るためには、航空券や日本語を学ぶための語学学校の費用、生活費……と、今でいうと何千万も必要でね、それをたくさんの親戚から借金しなければ行かれなかった。お金を1日でも早く返すためには、仕事を日に3つも4つも掛け持ちしなくてはならない。どう考えても、小さい子どもが一緒ではできなかったのよ」

「じゃあ、お母さんは残って、お父さんだけ日本へ行くというのは？」

「日本で早く安定した生活をしたい、家族みんなで暮らしたい、借金も返したいとなると、絶対に二人で働いたほうがいい。それにあの頃の留学生は、みんなその選択肢しかなかったのよ。明日のパンのために必死で……。華僑はみんなそうやって異国の地で足元を固めたの。私たち一世がそうしなくちゃ、次に繋げられない。みんなそんな思いだった。もちろん、自分たちの子どもの一番かわいい時期に離ればなれになるのはとても辛いことだった。ギリギリのところで気持ちを奮い立たせて頑張るしかなかったのよ」

「お母さんたち一世は、子どもとの時間を犠牲にしてまで土台をつくる時代だったのね……。理解はもちろんできるけれど、親の愛情が最も必要な時期に両親ともに長期間不在というのは、やっぱり子どもの健全な成長においてはかなりの犠牲を払う選択だよね」

母の言葉にも一応の納得はするものの、あの当時、中国に突然一人残された私は、たったの4歳。父方の祖父母に預けられ、とても不安で寂しかったのです。正直なところ、「そういう時代だった」という致しかたない事情を聞いたところで、私は完全には晴れ晴れとした気持ちになれませんでした。

田舎での生命力溢れた暮らし

4歳の私にとって、父と母の顔はおぼろげで、別れのときに頬に軽く手を寄せてくれたことと、走り去る車の後ろ姿だけが記憶に残っていました。

それからの5年間は、写真だけの両親となったのです。

祖父母と祖父の母（私から見ると、ひいおばあちゃん）の大人3人に囲まれ、傍《はた》から見たら賑やかな暮らしでも、「なぜ私には両親がいないんだろう」とやるせない思いに、布団をかぶって涙を流したこともありました。

父方の祖父母たちと暮らしたのは2年ほどで、私はまだ4、5歳でしたが、この頃の思い出は断片的に残っています。辛い思い出もたくさんありましたが、楽しい思い出が全くなかったわけではありません。今思えば、あの時代ならではの体験で、どれも貴重なものです。中国経済は1990年代から今日までの間に著しい発展を遂げましたが、84年生まれの私は、9歳で日本へ来たことにより、それこそ日本でいう二世代に跨がる暮らしの変化を、一代にして経験した感覚だったのです。

80年代、90年代の日本はというと、経済はすでに大躍進し、豊かな暮らしが当たり前にありました。カラー写真、カラーテレビ、洗濯機などの最先端家電が当たり前に普及していました。しかし一方で、中国はまだまだ戦前の日本のような暮らしぶりでした。

例えば、おばあちゃんの家の台所。台所は私が大好きな場所でした。薪《まき》で火おこしを手伝ったり、おばあちゃんが料理をするところを眺めたりする日常は、幼少期のかけがえのない楽しい思い出です。おばあちゃんは、いつも市場で新鮮な食材を調達してきます。生きたアヒル、ニワトリ、魚、カニ、エビなど……。今日は何を買ってきて、どうさばくのだろうと、わくわくしながら食事の時間を待っていました。

アヒルやニワトリは、バサバサと暴れる生きたものの両羽《りょうはね》を摑みながら持って帰ります。そして、厨房で新聞紙を素早く広げ、その上でさばくのです。慣れた手際のよさで、まず足で家畜の両足首を踏みつけ、片手で両羽と首を押さえ、首に狙いを定めて包丁を一振り。首からおびただしい量の鮮血が流れたら、それを受け止めるボールに血を流し込みます。食材は一切無駄にしません。アヒルの血は固めて血豆腐にするのです。貴重な鉄分補給になります。血をすっかり絞り終えたら、大きな窯《かま》で沸騰させておいたお湯に、羽が付いたままの状態で丸ごと豪快に入れます。ある程度時間が経ったら取り上げ、今度は羽抜きをしていきます。

この羽抜きを幼いながら手伝った記憶がありますが、それはそれは大変な作業でした。細かい羽毛《うもう》まで抜ききった頃には、ヘトヘトで退散していたことを覚えています。おばあちゃんは疲れも見せず、その後は内臓を出したり切り分けたり、解体作業をテキパキこなしていきました。お魚もカニも同様、生きている状態で市場から調達するので、台所はいつも賑やかで活気に満ちていました。当時の中国にはスーパーなどありません。市場で新鮮な食材を各々調達して、家で調理する！というのが当たり前でした。

目の前で命を奪っていく作業を幼い頃から見ていたおかげで、命の大切さというものを知らず知らずのうちに学習したように思います。生きるためには、生きている命をいただかなければならないという人間の原点を、おばあちゃんの食卓から理屈ではなく体験で五感を通して知りました。今の時代では決して得ることはできなかったでしょう。おかげで、日本に来るまでは、鶏肉やあひる肉を食べられませんでしたが……。

また、一歩外に出れば、おばあちゃんの家でも近所のどこの家でも家畜を飼育していたので、産みたての卵を持ってみたり、ひよこを追いかけたり、牛や豚のしっぽを触っていたずらしたり、無邪気に動物と触れ合える環境がごく自然にありました。これはとても嬉しかったです。

家から少し離れた場所に行けば川があり、年上の男の子たちがよく水遊びをしていました。水遊びをしている場所の上流を見上げると豚の死骸があって、そこから流れる下流の川で水遊びなんてしていて、伝染病にかからないかと、子どもながらに川遊びの男の子を心配した記憶も残っています。

そして、停電は日常茶飯事だったので、灯油ランプが常備されており、幼い私にとっては停電はある種のイベントに思えたものでした。なぜなら、灯油ランプ越しに手で影を作るのが大好きで、ランプを囲んでおじいちゃん、おばあちゃんと過ごす時間がとても温かく感じられたからです。親と離れ離れになっていた私にとっては、停電は楽しみの一つでした。

両親とともに日本で過ごしていたら、絶対に味わうことのできない生きる力をしっかりと教わっていたのです。こんな人生のスタートを切ったことに対しては、自分が望んだことではないにしろ、今となれば感謝しかありません。

試練の日々が始まる

父方の祖父母たちとしばらく過ごしたあと、小学校へ上がる寸前、私は急に母方の祖父母へ預けられることになりました。それまで暮らしていた父方の実家の地域は、福建省の中でも田舎にあたり、少しでも都会の進んだ教育を受けさせたいという両親の願いからでした。

福建省の省都福州《ふくしゅう》というところに母方の祖父母の家はありました。ここには、二人の従妹《いとこ》がいましたが、年齢は私が一番上。いきなり「長女」という立場になりました。当時の中国では「一人っ子政策」がとられていたため、兄弟姉妹がいるほうが珍しかったのです。

ここから、今まで自由気ままに暮らしてきた田舎暮らしが一変しました。

母方の祖父はとても厳格で、両親が傍にいない分、しっかりと世の中の道理を躾《しつ》けることがモットーでした。学校の宿題、朝夕の身支度、食事のマナー等々、厳しい教えを受け、少しでも間違っていると説教部屋送りです。きちんと反省するまで手の平を叩き棒で左右5回ずつ叩かれました。

なかでも記憶として残っているのは、「落とし卵」事件です。祖父は毎朝、子どもたちに落とし卵スープを作る習慣がありました。朝に卵を一つ摂取すると、成長期の子どもによいと考えていたのでしょう。もちろん、その気持ちはとても有難いと今は感じます。ただ当初の私はまだ幼く、その落とし卵の味が大の苦手だったのですが、祖父が怖くてそれが言えずに我慢して食べていました。厳格な祖父の指示に「NO」の感情はとてもじゃないけれど出せないのです。そのうち、自分の気持ちを主張できないまま、落とし卵を大人に気づかれないよう、こっそり流しに捨てるようになりました。完食しないといけないプレッシャーに負けたのでしょう。しかしそんな行為が長く続くはずもなく、ある日それが発覚し、食べ物を無駄にする行為について酷《ひど》く叱られました。どうして捨てていたのかを誰も聞いてくれない悲しみで、涙が込みあげていたことを思い出します。

叩き棒は少し柔軟性がある木材でできていて、叩くととても痛いのですが、決して傷は残りません。合計10回叩かれると手の平は赤く腫《は》れあがります。叩かれたあとは、いつも自分の涙で手の平がぼやけて、叱責は終了しました。

祖父は一番上の子を厳しく教育すれば、下はそれを見て学ぶというスタンスだったので、何かあると、説教されるのはまず私。ともに暮らしていた従妹たちは両親が傍にいたので、自ずと叱られる対象が私になることも多かったのです。その頃の私には、祖父の真意は理解し難い部分もありました。ただ、それも、両親の代わりに責任を全うしたい祖父なりの愛情だったのかもしれません。

中国の小学校と受験競争

学校に行く年齢になった私は、福州でも比較的評判のよかった小学校へ通うことになりました。当時の中国には「私立」はなく、学校といえば公立校のみでした。そのなかでも評判の良し悪しはあり、私は「いい小学校」へ通学することになったのですが、まさにこの6歳の入学から9歳で日本へ行くまでの3年間というのが、私の人生でも暗黒の時代とでもいえるような、思い出したくもない学校生活でした。

朝の日課は、学校の校庭で国旗掲揚と国歌斉唱をすることです。このとき、必ずする決まった型の敬礼があり、ここで士気を上げて1日の授業がスタートします。

中国は日本とは違い、小学1年生から教科ごとに担当の先生が割り振られているので、それぞれに宿題が出ます。しかも、日本のように担任の先生が一人で授業を行うわけではないので、宿題のバランスなど考えてもくれません。1年生から毎日宿題の山との格闘です。また、昼休みは一旦帰宅するのですが、午後からもう一度登校して夕方は17時前後まで授業がありました。

テストも教科ごとにランダムに実施され、席はテストの成績で決まります。前から成績のよい順で毎回席替えをするのです。点数は「○○、○○点」と先生がテストを返すときに大声でアナウンスされます。悪い成績を取るとクラス全員に知られてしまうので、毎回のテストが必死です。このような状況だったため、放課後は同級生と遊んだ記憶などほとんどありません。とくに算数が苦手だった私は、テストが戻ってくる日は朝から具合が悪くなるほどのストレスでした。

その当時からそうでしたが、中国の都市部の子どもたちは、幼少期から受験の競争意識が高く、勉強と向き合う時間も他国と比べると長いかもしれません。おかげで日本の公立小学校に転校した4年生の段階で、算数に関しては遅れを取ることなくスムーズに問題が解けた記憶があります。

今、長女が数年後に中学受験を控えるなか、改めて日本の教育について考えることが増えてきましたが、日本は中国に比べ、まだまだ選択の余地がある環境だと痛感しています。中国では、中学受験という概念がありません。子どもたちは「高考《ガオカオ》」(「普通高等学校招生全国統一考試」の略称)という、日本でいう「センター試験」の一択です。この大学入試においても、推薦枠やAO入試などの幅広い選択肢がまだありません。

学力だけの一発勝負なので、保護者は、小学校入学と同時にとにかく勉強、試験、成績で子どもたちに負荷をかけざるを得ない環境なのです。経済的に余裕がある家庭であれば、一発勝負の試験結果が万が一芳《かんば》しくない場合には、留学という手段もありますが、そうではない家庭には選択肢がありません。ある程度知名度が高い大学に行けなければ、就職先が見つからないのです。将来にわたって苦労を余儀なくされる恐れがあるため、激しい受験競争が小学1年生から始まっています。

この就職難による受験競争の現状は、少子化が進んでいる中国においても、すぐに改善される課題ではないように思います。少子化は日本でも進んでいますが、日本は総人口に対しての就職口が中国より比較的多く、相対的に就職率はよい状況を生み出しているのではないでしょうか。日本の子どもたちは、学歴に縛られない生き方の選択ができ、大学入試もAO

入試の導入など、より総合的・多角的に素質を判断できるようになっていく動きもあるので、個人的には、やはり恵まれているように感じます。

さて、小学校での私に話を戻すと、こうした中国の学校生活の中で、私は酷いいじめにもあいました。

両親が渡日していることが知れ渡ると、

「お前のお母さん、日本で売春婦してるんだって？」

「日本に行くなんて、漢奸《カンカン》（売国奴《ばいこくど》）だな！」

などと誹《そし》りを受けました。

抗日戦争ドラマの普及や抗日教育を受けていた時代だったので、両親のことを「漢奸」や「売春婦」などと授業中にヤジが飛ぼうと、教師もおかまいなしで注意しませんでした。

あるとき、誕生日のお祝いに日本から両親がドレスを送ってくれたことがありました。当時の中国では見たこともない、キラキラしたビーズがたくさんついている、夢のような服でした。嬉しくて嬉しくて、学校に着ていくと、

「そのワンピースは日本の物？」

と先生に声をかけられました。

「はい、両親が送ってくれました」

「ちっ！」

こう舌打ちし、軽蔑した眼差しを私に向けながら去っていく先生の姿は、今でもよく覚えています。

中国では、教師の権限は絶対です。生徒どころか保護者でも頭が上がりません。言うことを聞かないと、罵声やビンタなど軽い体罰は日常茶飯事でした。

「強くなるしかない」

私はとにかく自分にそう言い聞かせていました。一人で強くなるしかありません。

そのうち、両親が傍にいない環境にも慣れ、一見内気で人に心を開かない、変わった性格の子になっていきました。いじめっ子たちから何かヤジが飛んでくるときは、ひたすら無視する。その瞬間、頭を空白にする鍛錬をして、我が身を守る術《すべ》を身につけました。いじめっ子も私の反応がないから楽しくなかったのか、幸い、手を上げるなどの暴力にまで発展することはありませんでした。

これをきっかけに、何ごとも自分の力でやる、解決する、どんなときも頼れるのは自分自身という自立心が芽生えていった気がします。まだ小学校低学年の子どもにとってみれば過酷な試練です。そして一番辛かったのは、心の中を打ち明けられる、癒される、愛してくれる存在が傍にいないということでした。同居する親族たちは、面倒をみる、世話するという役割しか果たせないのです。最も両親の愛情を感じていたい年頃だった私にしてみれば、いつも孤独そのものでした。

中国語で「留守児童」という表現があります。幼少の頃、両親が不在で育てられた子どものことを指します。とくに華僑文化が浸透している福建省においては、その当時よくある現象でした。私だけではありません。ただ、このときに負った心の傷は、後に癒されるまでに大変な時間を要したことも事実です。

迎えに来てくれた父と日本へ

両親と離れていた6年間の人生は、私にとって最も暗黒で試練に満ちた期間でしたが、私の精神力を最高に鍛えてくれた時間でもありました。可哀想だと言う人もいますが、最終的には、この幼少期が私のバイタリティを育んでくれたのです。

そして9歳のとき、いよいよ父親が日本から迎えに来てくれました。日本でいう小学4年生の新学期にあたり、4年生からの編入ということが決まっていました。

それまで日本にいた両親と電話で話すのは、せいぜい1年に一度くらい。国際電話が高額で、声を聞くのも難しかった時代だったのです。声はともかく、顔すらもおぼろげです。4歳のときから会ったことのない父。本当に父親なのか、引き出しから写真を取り出して見比べたくらいです。

それでも嬉しくて、父にりんごを食べさせようと、おぼつかない手つきで自分で皮をむいたのですが、ざっくりと親指を切ってしまい、日本に向かう前日に病院で傷を縫うという大事になりました。今でもうっすらとその傷は残っていますが、見るたびにあのほろ苦い時代を思い出します。

いよいよ飛行機に乗って、日本へ出発！　機内では父から、日本がどんなに凄い国かたくさん聞かされました。

電車という乗り物があって、3分おきに遅れることなく定時に発着をすること(中国にはまだ電化された電車がありませんでした)。ディズニーランドという世界に3つしかない夢のような遊園地があること。1993年の日本はバブル期が終わったあととはいえ、まだその余波を受けて空前の好景気であること……。

このときまで、日本の情報は私の耳に全くといっていいほど入ってこなかったので、日本は、中国で放送される日中戦争ドラマに恐ろしい日本兵がいるのと同じような世界なのかと考えていました。学校で抗日教育を受けていたせいもあって、内心不安も多かったのですが、父の話にはわくわくしながら目を輝かせて聞いていた自分がいました。

飛行機の中では、さっそく父から簡単に五十音を習い、日本に到着してから本格的にひらがなの勉強を開始しました。

来日3日で日本の小学校へ編入

「あ、い、う……」と母親に発音を聞きながら、なんとかひらがなは覚えました。

でも、まだまだおぼつかない状態です。なのに、来日3日後には、近所の公立小学校に編入することになりました。日本語を習いたての私は不安でしかたありません。しかし、父も母も仕事があります。私の相手を一日中するわけにもいかず、昼間は学校へ行ってくれたほうが安心だったのでしょう。

品川区立の小学校へ編入したのですが、当時はまだ外国人が珍しく、全校で私ただ一人でした。日本語が一言もしゃべれない子どもを不思議そうに眺めるクラスメイトの表情を、今でも忘れることができません。

転校初日の自己紹介では、一緒に来てくれた父親の「はじめまして……」の自己紹介を真似て声に出しました。しばらく静寂があった後、クラス全員の拍手が起こり、伝わった、受け入れてもらったと安堵しました。

父は午前中一緒にいて、授業内容を通訳してくれました。

そして給食の時間。とにかく驚きました。このときの給食の美味しさたるや……！　衝撃でした。ただただ黙々と目の前に並べられたご馳走を堪能しました。味はもちろんのこと、主食、副菜がしっかりと温かく、デザートまでついている。日本の小学生はいつもこのような素晴らしい食事を学校で味わえるのか……。気がついたら無我夢中で給食を口に運んでいました。

日本の小学校の印象は、私にとってとにかく鮮烈でした。

きれいに整えられた黒板とチョーク、各教室に置かれた一台のテレビ、学校に大きなプール設備があり、水泳の授業もあること、毎食の給食が温かくて、牛乳は必ず飲めるし、お代わりもできること。清掃が行き届いた校舎に、クラス担任制度……等々。教育環境に恵まれた日本の小学生はなんと幸福なのか。そして、このような素晴らしい環境に自分が存在していることにも、いつしか感謝の気持ちでいっぱいになりました。

まだまだ外国人の生徒が少なかった時代です。校内でたった一人の外国人転校生ということで話題になり、いつの間にか私は、学校ではちょっとした有名人になっていました。

日本語がわからなかった私は、最初、学校の授業が理解できないということで、週に2日ほど登校後、2時間目に大井町駅近くにあるきゅりあん（品川区立総合区民会館）で行われる外国人の子どもに日本語を教えてくれるボランティアが運営する日本語教室に通うことになりました。両親は1回目の送迎だけはしてくれましたが、次からは学校からきゅりあんへ一人で通う必要がありました。

日本語がしゃべれない私にとってみれば、来日後初の大冒険です。電車の切符を買う、電車に乗る、一人で街中を歩いてみる。何もかもドキドキして、わくわくするような楽しさもありました。覚えたての日本語を使ってみたくて通りすがりの男性に、「すみません！　今何時ですか?」と声をかけたこともあります。すると相手は不思議そうな顔つきで何か話してきました。「?・?・?」私の反応を見て日本語が聞き取れないことがわかると、あきらめたように腕時計を指しながら「10時だよ」と答えてくれました。初めて日本語で会話ができて、嬉しくてたまりませんでした。だからでしょうか、このときのエピソードは今でもはっきりと記憶に残っています。

抗日教育で教わった恐ろしい日本人像とは異なり、学校の先生をはじめ、同級生たちもとてもよく接してくれました。

担任の先生はわざわざ日中辞典を購入し、単語を一つひとつ丁寧に教えてくれましたし、同級生は日本語が話せない私を仲間に加えようと、手取り足取りジェスチャーで遊びを教えてくれるのです。日本人というのはなんと心優しい人たちなのかと思わずにはいられませんでした。

このときの日々の感動は今でも忘れられません。いつしか、将来は日中の架け橋となって、日本に恩返しできるようになりたいと子どもながらに心に誓うようになりました。日本と中国を行き来して、グローバルに活躍できる人になれたらと、小さな夢ができました。

そんな日本は見るもの聞くもの、すべてが新鮮で、驚きに満ちていましたが、なかでも一番は、やはり食べ物の衝撃です。

中国にいた頃、小学校の近くの路上でイチゴを売っている行商の人がいました。イチゴは当時の中国では非常に贅沢な果物です。食べたことなどありません。食べてみたいけれど、自分一人のお小遣いでは手が出ません。そこで、友人4人とお金を出し合って、ひと粒だけ買いました。四等分したイチゴの、ヘタに近い部分をもらった私は「なんだ、イチゴってこんなものなの」と落胆しました。今考えれば、一番甘みの少ないところを食べたのですから、しかたないことです。

それが日本では、普通に手に入る。甘くてとても美味しいイチゴを一個丸ごと食べることもできます。

ケーキにもびっくりしました。中国では、本当に特別な日にしか食べられないケーキでさえ、バタークリームを塗ったものでした。今でこそ美味しいバタークリームがありますが、当時はバターの代わりにマーガリンを使った、風味のよくないものでした。それが日本では生クリームも食べられるなんて、夢のような話です。

母も同じだったようで、働いてお給料をもらったときに、自分へのご褒美に食べるパフェがとても美味しかったと話していました。

小学校ではその後長く付き合うことになる親友もでき、中国での辛く厳しい暮らしが嘘のように、私は日本の生活に親しんでいきました。

両親の中華料理店を手伝う

日本の生活にもすっかり慣れ、私の来日1年が過ぎた頃、両親は夢だった自分の店を開店することができました。貯めてきたお金をすべて注ぎ込んでのことでしたから、一家にとっては後戻りができない賭けでもありました。

五反田の小さな裏通りに築60年以上経つ店舗付き住居を、大家さんのご厚意で安く借りることができたのです。座席数は1階が5テーブルでわずか20席、2階には宴会用に仕切り付きで20席ありました。この小さな店に家族全員の思いが詰まっていました。宴会場のすぐ隣に6帖の畳部屋があり、ここが一家3人の住居です。宴会がある夜は、深夜まで歌声や歓談が聞こえてきます。いつの間にか、ある程度の騒音がしていても寝られるスキルが身につきました。

築60年以上の木造戸建ては、風や雨が強い日になると天井から雨漏りがして、風でガラス窓がガタガタと揺れる老朽化が進んだ建物でしたが、蓄えた資金ではフルリフォームなど望めるわけもなく、厨房設備や中華料理店らしい仕様の内装と備品購入に充《あ》てるだけでもいっぱいいっぱいでした。

この自宅兼店舗に、約2年間、小学校を卒業するまで暮らしていました。

肝心の料理はというと、最初は未経験だったため、ラーメンさえも仕込み方がわからず、なんと麺を一度蒸してから茹でるという、考えられないミスからのスタートでした。出されたラーメンを食べたお客さんは、どう感じたことでしょう。お客さんのなんとも言い難い表情を見ながら、家族3人で互いの顔を見合わせて首を傾《かし》げたほどです。なにしろ調理法が違っていることすら、誰もわからなかったのですから。今でこそ笑って話せますが、一歩間違えば、調理法を知らないなど、飲食店にとって命取りになりかねません。

結局、これではいけないとシェフを雇用して、少しでも美味しい料理を提供できるようにと試行錯誤を重ねました。私も学校から帰ると、ホールや食器洗いなどの自分ができるお手伝いをするようになっていました。新作料理を一緒に試食したり、看板メニューの手作り水餃子を仕込んだりしました。

どんな経験も人生の糧。嫌なことにはきちんと「ＮＯ」を言う

お手伝いといえば、その最中《さなか》に一度、とても怖い思いをしたこともありました。大塚にある中国カラオケ店（中国語の流行曲が加わったカラオケ店。当時は中国語の曲が入っているお店はまだ珍しく、在日中国人にとっては中国語曲が楽しめる大衆スナックのようなお店でした）へ出前をしたときのことです。その日は、お店がほぼ満席状態で、両親はホールや厨房のサポートで大忙し。そんなときに手作り総菜を届けてほしいと、大塚にある中国カラオケ店から出前の注文が入ったのです。

有難いのですが、人手が足りず、出前に動ける人員がいません。当時小学6年生だった私は、何度かそのお店へ両親と行ったことがあるのを思い出し、

「私が行くよ！」と父に言いました。

父は少し躊躇《ちゆうちよ》し、

「大丈夫か？　場所はわかるか？」

と聞き返しました。

「うん、大丈夫。場所わかる！　私行ける」

と答えました。

バタバタの厨房やホールを見て、父も意を決したようで、

「わかった。気をつけて行ってね！　渡したらすぐ帰ってくるんだよ！」

と私に出前を託しました。急いで交通費とつり銭、そして注文の総菜を梱包して渡してくれました。こうして五反田から大塚へ、一人夜の電車に乗るのは初めてでしたが、指定された到着時間の20時までに行かなければと意気込みました。

ちょうど通勤の帰宅時間帯と重なって車内は初めは混み合っていましたが、電車が進み、止まる駅が増えるにつれ徐々に空きはじめました。そのとき私はドア付近に立っていたのですが、ふっと背後から温かい感触が伝わってきました。最初は人の密着もしかたないと思っていたのですが、満員状態が緩和したあとも、その感触は消えません。むしろ、どんどん背後から密着感が増してきます。私のほうから離れて距離をとろうとしても、くっついてくるその感覚に段々と恐怖感を抱くようになりました。そして、スカート越しに手の感触が伝わりました。

「嫌だ！」と心の中で叫びました。ドアに映る姿で確認したのは、背後にくっつく中年男性

の姿です。ホームレスとまではいかないものの、服は汚れていて鼻をつく臭いは酷いものでした。このままだと身動きが取れない！

「触らないでください！」とすぐに大声で叫びたかったのですが、まだ小学生だった私は初めての事態（痴漢）に対応ができず、心の中で叫ぶしかありませんでした。電車が駅に到着すると座席が空き、すかさず渾身の力を振り絞って空いた座席へ避難しました。ところが、その男性も隣の空席に腰かけてくるのです。さらに、席を離れようとする私を肘で押さえて逃《のが》れられないようにしてきます。そのまま電車は動き出しました。周りを見回しても、誰もこの状況に気づいていないようでした。

「どうしよう……」

心臓の音がバクバクと聞こえてくるほど、気が動転していました。

「次は〇〇、〇〇、お降りの方は……」

次の駅に着く電車のアナウンスが聞こえたときです。抵抗しないと、声を出さないと、自分を助けないと！と私は意を決しました。

「降ります！　どいてください！」

大声で叫びました。席周辺の人みんなに聞こえる声量だったこともあり、男性はすぐに押さえていた肘を離しました。私は小走りで電車を降り、男性が後を追ってくる気配がなく、電車のドアが閉まって発車したことを確認すると、ガクッとホームの椅子に崩れ落ちるように腰かけました。目的地の大塚駅にはまだ遠い目白駅のホームでしたが、しばらく座ったままで自分を落ち着かせました。

何本電車を見送ったでしょうか。目の前を通り過ぎていく電車を放心状態でボーッと眺めたあと、再び電車に乗りました。とにかく、まずは手に持った出前を無事に届けないと、起こったことへの恐怖を一旦かき消すようにして、任務を全うしました。出前を届け終えて両親の店に戻ると、出発したときと同様、満席のお客さんで賑わっていました。無事に戻ってこられた安堵感に包まれながらも、我が身に起きた出来事を両親へすぐには報告しませんでした。

あの直後は両親を含め、従業員が忙しく動き回るなかで報告するタイミングがなかったことも事実ですが、不思議とその後、両親に話したかどうかも覚えていません。人間は嫌な記憶は本当に忘却フィルターがかかるようにできているのだと感じます。

ただ、この体験により、ピンチのときは、きちんと声を発する勇気が大事なのだと学びました。やられたら黙るのではなく、自己防衛として自らの声で自分を守ることの大切さを身に染みて知ることができたのです。年齢に関係なく、どんな体験であれ、後々、自分の糧になることは間違いありません。

常連さんたちに育んでもらったコミュニケーション力

もちろん、まだ小学生でしたから、友達と遊びたいときもありました。遊びにいけない不満が顔に出ていたのでしょう。ある日、仏頂面でホールに立っていたら、母親に呼び出され、厨房で思いきりビンタされたこともあります。

「そんな顔で接客するぐらいなら出てって」

と。私は目に涙を溜めはしましたが、声に出して号泣することはありませんでした。中国にいた頃の祖父の厳しい教育が基盤となって、忍耐強い性格になっていたのかもしれません。必死で身を粉《こ》にして働く母親の言うことがもっともで、反論することができなかったのも理由の一つだったでしょう。

その頃の私は両親の背中を見て、というよりも、両親と三人四脚で店の経営に携わっていた感覚でした。9歳まで両親が傍にいなかった寂しさを埋め合わせるかのように、無我夢中で学校生活とお店の手伝いを両立させていました。

体力的には疲れることも多かったのですが、小学生の看板娘がいるといつしか地元で噂になっていたようで、お客さんとの楽しい交流も度々ありました。ホールで注文をとっていると、「頑張ってね！　これお小遣い！」と折られた五千円札をそっと手の中に入れてくれる常連さんもいれば、「お姉ちゃん、少し背伸びた？」と笑顔で声をかけてくれるお客さんもいました。何気ない言葉でも、自分のことを気にかけてくれていると思うと嬉しさが込みあげます。

開店当初から来ていた常連さんは、「お母さん、ちょっと娘さん借りるね」と近所のスナックへと連れていってくれることもありました。小学生の子どもを夜のスナックへ連れていくなんて考えられないかもしれませんが、ごく近所の顔なじみのお店だったので、面白半分に連れていったのでしょう。子どもがいることで、スナックのお客さんたちのほうが気を遣ってくれたように記憶しています。

そのときに覚えたのがカラオケです。人前で歌うことも初めてでしたが、私は歌うことが大好きになりました。スナックで歌われる曲は演歌が多かったので、自然と私の歌う歌も演歌になりました。小学生で演歌、ちょっとミスマッチだったかもしれません。でもたぶん、一緒にいたお客さんたちは喜んでくれていたと思います。

私の小学校時代は、両親の中華料理店とそこに集まる人情味豊かで温かなお客さんたちに育ててもらったといってもよいくらいです。小学生の頃から多くの大人たち、とくに店舗のあった場所柄、中年男性のお客様が多かったので、世代を超えた接客を通して、コミュニケーション力を鍛えることができました。おかげで後の大学入試、アルバイトや就職活動時の面接などは、ほとんど緊張することなく、自然とこなすことができるようになっていました。

日本へ来てからの小学校時代は、中国で過ごした低学年のときと180度環境が変わり、賑やかで楽しい思い出が多くなりましたが、中国で鍛えられた忍耐強さやハングリー精神がベースにあったからこそ、ここへ繋がったともいえると思います。

一家で帰化。林《はやし》茉莉絵《まりえ》の誕生

中学は地元の公立中学に進学しました。この頃には日本語も、周りの日本人と変わりなく流暢《りゅうちょう》に読み書きができるようになっていました。部活はソフトテニスです。私は副部長を務めていました。

担任の先生が顧問をしていて、部活動の練習試合があったときなど、「リンのお店に行こう」と部員を連れてきてくれるような、気さくでフレンドリーな先生でした。

その頃、両親の中華料理店は順調に運営ができるようになり、マンションを借りることが叶いました。6帖一間の畳部屋から卒業です。

日本に来てから、こんなに贅沢でいいのかな……と実感したのは、中国では一度も体験したことのなかった「一人部屋」を与えられたときです。2DKの中古マンションでしたが、自分の部屋が持てたことの喜びはこの上ないものでした。

マンションに移ってからも、部活動の合間にはお店の手伝いをしていました。

日本に来て4年目……。

たったの3年余りではありますが、中国にいた9年間と比べると、はるかに内容が濃く、伸び伸びとした環境で自分を活かすことのできた時間でした。日本語も、日常生活には全く困らないほど、もう日本人同様に話せましたし、学生生活も充実している。両親のお店も順調……。

ただ、いわゆる思春期に入りかけていた私は、自分のルーツは中国であるという、このなんとも言えない違和感を抱えていました。自分は何者であるのか、アイデンティティに初めて悩まされました。

両親は、そんな私の悩みに気づいたようで、娘の私が今後も日本の地で日本人と同じように暮らしていく、もしくは日本人と同様に生きやすい生き方を模索してくれました。そこで、のちに家族で重要な決断をしたのです。

日本への帰化です。

当時、帰化を行う場合、「一家族全員で」という決まりがありました。両親は、これからの娘の人生が日本で少しでもスムーズなものになるのであればと、私が高校生のときに一家で日本国籍を取得することを決断しました。

ルーツである中国人の心と強みを持ち合わせた日本人になろうと決心がつくと、自分の好きな漢字を選んで日本名を名付けました。両親から与えられた名前を一新し、中学生の私が自分で名前を決めるという作業は、貴重な経験です。ですが、案外すんなり決まってしまいました。

「苗字はそのまま林《はやし》、好きな花がジャスミンだから、漢字の茉莉花（ジャスミン）から茉《ま》莉《り》、それに絵を描くのも好きだから……、茉莉絵、林茉莉絵にしよう！」

5分もかからずに決まりました。これからは、大学も入社も、人生のすべての挑戦をこの名前で進んでいこうと新たな気持ちで思いました。

高校と大学進学

私が中学2年生くらいになると、両親の中華料理屋は努力の甲斐あって、雑誌にも取り上げられ、地元では少しばかり有名なお店になっていました。狭く古い木造のお店だけれど、お手頃な値段と美味しい料理、それに母の温かな笑顔と軽快なトークで常連さんからますます好かれるお店になっていったのです。

その分、両親は以前にも増して多忙になり、朝9時にはお店に出て、お昼休憩の3時間だけ自宅に戻ったあとは、深夜まで帰ってきません。私も下校して、まずはお店に向かいます。お店の忙しい時間帯の手伝いをし、夕食は店内のまかない飯を食べてから自宅へ帰る毎日でした。

充実した毎日を謳歌していると、そろそろ高校進学を考える時期になっていました。

先述したように、私はもともと絵を描くことが好きで、デッサンを習っていた時期もあったので、もっと美術の勉強をしてみたいと思っていました。それもあって、インターネットで検索して見つけた美術専攻のある私立の女子校に一目惚れ。「ここがいい！」と直感で決めてしまいました。担任の先生に相談すると、ここなら推薦枠で行けるということで、それも後押しになったのです。

晴れて念願の高校に入学しました。専攻はもちろん美術です。ただ「井の中の蛙《かわず》大海を知らず」とはこのことだったのでしょう。美術専攻のクラスには、私より絵の上手な子がたくさんいました。そして、絵を描いて食べていくのは難しいことなのだと、今さらながらに悟ったのです。

2年生になると、私は同じ学校の文系クラスへと編入しました。美術の道で食べていけないのなら、切り替えは早いほうがいい。文系クラスから進学できる大学を目指そうと決めました。

高校3年生のときに行きたい大学を定め、一般推薦で入れる大学をピックアップしました。人生の大きな関門である大学進学を効率よく決めたかったのです。

いわゆる一般入試で受験するという形が普通ですが、もし推薦での合格を勝ち取れればベストです。幸い、親の経済的な負担を軽減させようと、奨学金を狙うため、高校1年生のときから学習態度や定期テストの成績など、校内の総合評価を常に上位でキープできるよう努力はしていました。

そのため、通っていた高校が進学校ではなくとも、校内評価で推薦状をもらって受けられる一般推薦やAO入試枠を設けている大学があり、そのなかからいくつか選びました。労力的に4校以上の受験は厳しいと判断していたので、挑戦する大学は3校までとしました。

候補に選んだなかで一番早く自分の成績条件で受け入れてもらえそうな大学は、法政大学国際文化学部でした。この学部は国際交流の機会も多く、グローバル教育に長《た》けています。成績表と高校の推薦状を提出し、面接試験に臨みました。面接では、今までの境遇と日本のグローバル化の環境のなかで、両国に貢献できる国際性豊かな人材になりたい思いを伝えました。筆記はなく、面接一本の試験だったので、伝えたいことをまとめ、模擬面接を何回か高校の先生に行ってもらい準備しました。

そしてもう1校は、慶應義塾大学の文学部でした。ここの一般自主推薦は面接を行わず、筆記試験のみでした。そのため、国語に特化した勉強を強化しました。また、試験には与えられたテーマで400字の小論文があると知り、事前に短期の小論文対策講義を予備校で受けました。

その後まず、法政大学の合格がわかりました。合格できた嬉しさと同時にわかったことは、慶應義塾大学の合格発表日が、法政大学の入学金納付期限日ということでした。私は、もし慶應義塾大学に合格したら、そちらにしようと決めていました。お店の常連さんたちにも大学受験に際していろいろと情報収集をしたところ、慶應義塾の評判がとてもよかったからです。

法政大学に入学金を払ってから慶應義塾の合格が判明したら、入学金は無駄になってしまいます。合格発表の日、母が朝から慶應義塾大学へ行って待機してくれました。そして慶應義塾合格の知らせが！ 本当に安堵しました。もし一般入試での挑戦となったら、また結果は異なっていたでしょう。

合格の秘訣をよく聞かれましたが、今になって思うことは、自分の強みをとことん伸ばすことと、自分が何者かを熟知し、将来像をはっきりイメージできることが大切だということです。高校の3年間は、とにかく勉強をコツコツ頑張り、学費免除の奨学金を二度獲得しました。私の場合、数学が苦手なので、高校1年の段階で得意の文系コースに転換し、また一方では語学が強みなので、中国語と英語を伸ばすようにしました。

実際、慶應義塾大学の入試問題には翻訳問題も多く、英語・中国語・ドイツ語・フランス語からの選択式になっていました。高校時代に目標をしっかり定め、将来像をしっかり持てると、受験へのアプローチも具体的になり、よいのかもしれません。

大学入学を決め、高校の卒業式では、卒業生代表で答辞を任されました。全卒業生代表という大役でしたが、高校3年間のたくさんの思い出を胸に書いた答辞を読みあげました。先生方、同級生とともに過ごしたたくさんの楽しい思い出が駆け巡ります。

とくに先生方は、学業だけではなく、学校のイベントでも様々な経験をさせてくださいました。例えば、学校見学に来ていた保護者に向けて在校生代表でスピーチをするなどの機会をいただきました。私という人間を信頼してもらえる喜びは大きく、自信にも繋がりました。

こうしたスピーチの経験は、自己分析のよい機会となり、人前でのスピーチに慣れることもでき、大学入試の面接をこなすうえでも役に立ったと思います。私にとって、心身ともに充実した有意義な高校時代でした。

周囲の大人からかけてもらった言葉

高校受験も大学受験も両親に相談することは一切していません。敢えて自分で判断し、すべて自分で決断しました。お店の切り盛りで多忙な両親に、負担をかけたくなかったのです。自分でやれることは自分でやりたかった。両親もまた、私をとても信頼していました。言わば、両親のこうした適切な「放任主義」が今の自分の基盤を形成してきたのかもしれません。

知人に幼少期のことを語ると、「ここまで放任で、なぜ荒《すさ》まなかったのか、なぜグレなかったのか、不思議！」とよく言われます。

ただ、小学生のときから両親と三人四脚で店の切り盛りをし、朝から晩まで働き詰めの両親の苦労を身近で感じ、その姿を見ているという環境で、どうして荒れることなどできるのか……、と思います。

「家族の生活が少しでも豊かになるために、お店の経営に尽力している両親を喜ばせたい」

いつも頭にあったことは、この思いでした。だから、なるべく自分にかける労力を軽減させ、やれることはすべて自分でやってみようと思っただけなのです。

実際、来日してからはずっと仕事で多忙な両親だったこともあり、何にしても相談する時間もなく、いつの間にか「自分のことは自分で判断する、自分で決める、自分で行動する」が習慣になっていました。

ただ、こうした気質になっていたとはいえ、もちろんまだ来日して数年の子どもの私が様々な決断を下すのにはためらいや迷いも出てきます。

ですが、お店の手伝いで接してきた常連さんたちから、折に触れて人生の道理や考え方を教わってきたような気がします。常連さんたちは30〜60代の会社員が多く、あとから思えば、実社会での経験があればこその話をたくさんしてくれていました。これが智恵として蓄えられ、成長期の私の大きな力にもなったのです。小学生の時分からこうした大人の輪に入れたことは、両親が飲食店を経営していたおかげであり、貴重なことだったと思います。

例えば、先述したように、いつも来る常連さんで、決まって私を連れてスナックへ行く方がいました。

「うぃちゃん（幼少期の愛称）、大きくなったら何になりたい？」

「そうですね……、まだわからないです。でも、お母さん、お店大変だから、早く自分でお金稼ぎたいです（笑）」

「立派だね～！　でもね『お金を稼ぐ』が目的にならないようにね！　もっと先の遠くのもの！　何が人様の役に立つのかを考えられるようになると、自然にお金も付いてきてくれるからね」

その常連さんと交わした会話で、記憶に残っているものの一つです。

また、よく飲みにくるサラリーマンの常連さんに、大学受験の結果報告をしたときは、

「凄いね！　おめでとう！」

「ありがとうございます。頑張ります！」

「でもね、受験ほど公平な競争はないよ！　将来社会に出ればわかる！　受験は頑張った分、点数にちゃんと反映される。勉強を頑張れば頑張るほど努力は点数に現れて、それが評価される。でも、会社に入るとね、どんなに努力しても評価されないことが山ほどある。今はまだ入り口地点だからね！　頑張って！」

と、社会へ出ていく大変さを示唆してくれました。

また、大学卒業間際、就職結果をある常連さんご夫妻に報告すると、

「あらま～、同じ慶應の後輩の就職が決まるとやっぱり嬉しいわね」

「先輩、ありがとうございます！　これからもいろいろご指導ください」

「でもね、この歳になって唯一後悔していることがあるの。私は卒業して就職せずにすぐに結婚してしまったのね……。家庭に入って子育てをする道を選んだけれど、あなたみたいに、人生に一度でいいから、社会に出て働きたかった。女の子はそのほうが絶対にいいわよ！　私の分まで頑張ってね！」

と激励してくれました。

あとから考えると、その後の私の人生における分岐点に寄り添ってくれた言葉ばかりです。かけてくださった言葉の一つひとつに大きな意味がありました。常連さんたちには、感謝しかありません。

「私は人に恵まれているんだな」と思わずにはいられないのです。

国際的な活躍を目指して全日本空輸（ＡＮＡ）へ就職

大学に進学する頃、両親の中華料理屋も五反田の旧ソニー通りに移転し、木造戸建てからビルイン１階の路面店舗に変わりました。店舗近くに中古マンションを購入し、お店と自宅の行き来が便利になりました。

大学に入った私は、勉学と同時にとにかく世界をもっともっと見てみたいという気持ちがありました。「日本と中国を結ぶ架け橋になりたい」「グローバルな活動をしたい」と思っていた子どもの頃の考えを実現したかったのです。

そこでまず、夏休みを利用して中国の復旦《ふくたん》大学へ短期留学をし、アメリカのＵＣＲ校（カリフォルニア大学リバーサイド校）へは、大学3年生のときに1年休学して長期留学に臨みました。

とくにアメリカ留学の1年間は、人生で一番楽しい時期だったといえます。各国からの留学生が夢のために勉学に励む姿、広いアメリカの国土から感じられる壮大なエネルギーは、学生ながら深く感銘を受けました。

もともと日中双方のアイデンティティを持ち合わせていることは、グローバルな活動をするにあたっては強みと感じていましたが、留学でさらに国際的に活躍できる人材になりたいという思いが強まりました。

アメリカから帰国後は早くも就職活動の時期になりました。将来的なキャリア形成のなかで、必ず海外へ発信ができる、もしくは海外での活躍フィールドがある会社を中心に就職活動をしました。いくつか内定をいただき、そのなかで、当時、中国路線を拡大していた全日本空輸株式会社（ＡＮＡ）へ、総合職の事務職として２００８年に新卒で入社しました。

入社してすぐ研修が始まります。総合職は全部で80名。このとき、私は「甘かったなあ」と忸怩《じくじ》たる思いを隠せませんでした。総合職に採用された女性社員たちは、ＡＮＡこそが「入りたい会社」であり、みな優秀で、将来のキャリア形成への意識も高く、上を目指すバイタリティに溢れていました。入社の動機がはっきりしていて、ここで「やりたいこと」が明確なのです。それに比べて私は「海外で活躍したい」という漠然とした考えしかありませんでした。

研修後、私が配属されたのはグループ会社のＡＮＡテレマート、いわゆるＡＮＡ発着便全般に対する予約・問い合わせを担うコールセンターです。航空券の予約システムの扱い方、お客様応対の基本から応用、航空券の予約・解約・運賃計算の基本から応用など、航空業界全般の基礎を学ぶことができました。

コールセンターと書くと、単純に「予約センター」と思われがちですが、非常に高度な専門知識を併せ持ったエキスパート集団です。航空券の予約システムは、日本語入力ができないため、すべて英語で操作する必要がありますし、お客様との会話の間にシステムへの入力や適切な提案を行わなければなりません。

航空会社にはそれぞれ割り当てられた、2文字と3文字の略称があります。これを2《ツー》レターコード、3《スリー》レターコードと呼びます。例えば全日本空輸の場合、2レターは「NH」、3レターは「ANA」となります。航空券の予約などは2レターで入力していきます。ANA関連の航空会社だけでも相当の数になりますが、まず、これを正確に覚えないと話になりません。覚えること、やることが山のようにあり、1年目は無我夢中でした。

このANAテレマートに2年間在籍し、ANAの最高級顧客であるダイヤモンド会員の専門デスク担当を任された後、本社へ異動。その後、旅行代理店と団体席の座席管理部門、そして中国海外支店での現地日本法人の営業を経て退職しました。

ANAでの5年間は、社会人としての基礎、組織の在り方、接客やおもてなしの意識、人と人との関わり方など多くのことを学んだ時間でした。ANAはもともとヘリコプター2機から始まった企業なので、日本航空（JAL）に比べ、チャレンジ精神旺盛な社風というのが特徴です。また行動指針は「あんしん、あったか、あかるく、元気！」ということで、個人プレイではなく、「チームANA」なのだと常に叩き込まれていました。

一機の飛行機が目的地まで飛ぶためには、パイロット、CA、整備士、グランドスタッフ、事務職員一同が力を合わせなければいけない。そうして初めて実現できるということ。ANAでは、愛社精神を持ちながら、一個人それぞれが誇りを持って仕事をすると、どれだけ組織が強化できるかを実体験として学びました。

ANAで教えられたこと、経験したことは、初めて社会へ出た私に大きな影響を与え、のちの私の起業において組織理念、運営理念を定めていくときにはそれらが活かされていくことになりました。

第 2 章

starting a business & childbirth

初めての起業と出産

起業するなら5年以内に

「起業するなら5年で会社を辞めろ」という内容の本を以前読んだことがありました。

5年以上在籍すると、起業の勇気や勢いがどんどん減っていくのだそうです。5年も同じ会社に勤めれば、「慣れ」て「安定」が出てきます。そうした気持ちを断ち切るには、やはり5年までという数字が必要なのかもしれません。今思えば、まさに適切なタイミングでの起業でした。

このとき（2012年）、すでに私は結婚していました。相手は全日空時代の同期です。慶應義塾大学大学院理工学研究科修了で、私とは正反対の理系脳の持ち主でした。お互いに自分に無いものに惹かれてのゴールインかもしれません。

彼には、結婚当初から将来的に私は起業したいという話はしていました。私のやりたいことに反対することは一度もありませんでしたが、「自分でやると決めたなら自分で責任は持つこと。夫だからと肩代わりに責任は負わない」という暗黙の了承はありました。

「人には向き、不向きがある。俺は長距離走が得意で、君は短距離型だと思うから、夫婦同じ会社にずっといる必要は全くないし、リスクヘッジを考慮しても、分散したほうがベター」との考えで、起業に対しては初めから応援姿勢でした。

私自身、自営業の両親をずっと身近で見ていたので、起業に対する恐怖心や未知な感覚はそれほどありません。親族にも会社勤めをしている人のほうが少なく、自分が経営者になっているというケースがほとんどでした。

それでも、最初から何もないところから、というよりも、鍛錬《たんれん》のためにまずフランチャイズの店舗からやってみようと思いました。フランチャイズならば、大きな失敗はないだろうし、自分の力を試すには最適だと考えたのです。

２０１１年に起きた東日本大震災を機に、両親は中華料理屋を閉めていました。お店を開業した当初の法人（株式会社）がずっと休眠状態だったのです。ただ、稼働していなくても、取引銀行や口座は残されていました。いつか私が引き継ぐためにと、両親が残してくれた「箱」でした。私はこの休眠状態の株式会社をもう一度復活させてみようと思いました。わからないところは起業の先輩である母親に聞いたり、自分で調べたり、法務局や税務署の窓口にこれでもかというぐらいヒアリングしたり……。

やはり自分でやってみるというのが私のスタンスです。自分でやってみるからこそいろいろと覚えるし、覚えたら次も自分でやれる。他人に頼らずにできるようになるので、最初はやはり、極力他人《ひと》任せにせず、自分でやれることはチャレンジしてみるという努力が大切だと思います。

その頃、父はすでに引退して中国に戻っていましたが、母は日本にいました。そこで、まず経営経験のある母に経理の部分を見てもらうことにしました。組織にとって、お金の出入りの部分は信用のおける人物が最適だと思ったからです。起業まもない会社であれば、なおさらです。

母とともに心機一転、もう一度会社に命を吹き込んでみよう！　そう心を固めました。

退職金と両親からの借り入れで、開業資金として1000万円を準備しました。業種はどうせなら好きなものを取り扱うほうがいいと、ブランド品、貴金属などのリサイクル業のフランチャイズに決めました。

出店の場所が都心ではなかなか見つからず、最終的には自宅から1時間半かかる神奈川県の横須賀中央駅近くの路面店舗に決めて、事業を開始させました。

フランチャイズ形式なので、最初の1年間は本部が一緒になって運営のサポートを行ってくれます。まずは利益よりも、業界を知るという意味合いがあるのです。

店舗の設計、内装、備品、広告宣伝、人員雇用など、初めてのチャレンジばかりでしたが、フランチャイズの安心感を持ちながら開店準備を進められました。事業内容は、家庭にある不用品を査定し、価値のあるものを買い取り、再販することで利益を得るというものです。ブランド品、宝石類の真贋《しんがん》査定を一から学習しました。これは以前から興味がある分野だったこともあり、作業が楽しく、毎日が刺激的でした。

真贋査定が必要な品物以外にも、携帯電話、切手、金券、絵画、ときには化石や剥製《はくせい》などという珍しいものもありました。「処分に困っていたけれど、引き取り先が見つかった！」と喜ぶお客様の笑顔に救われ、1件1件の接客がとても有意義だと感じられます。お客様に寄り添いながら、品物からその人の人生や思い出も一緒に譲り受けるリサイクルの世界は新鮮で、視野が広がりました。と同時に、頑張った分の売上がリアルな損益となり、店舗の存続に影響を与える商売の厳しさも実感していきました。

折込広告やポスティングの戦略エリアを策定したり、接客満足向上の施策を考案したり、地元に好かれる店舗であるためにボランティアで店舗周囲の清掃活動をしたりと、少女時代に両親の店舗経営への参画で培ってきた経験が活かされました。

自ら事業を起ち上げて最初に感じたことは、起業というのは「個人VS.社会」だということです。

これは、自分という生身の体ひとつで勝負を挑まなければならない感覚です。全日本空輸に勤めていた頃は、名刺を出せば「全日空の人」という認識のされ方で、個々人の実際の能力や知識の深さなど関係なく、背後の組織がすなわち自分自身であり、全日空だから安心、全日空だから大丈夫というアドバンテージで法人営業をしていました。

起業すると、そのアドバンテージは一瞬にして消えます。

「あなたとはどんな人物なのか？」「信用できるのか？」と、そこがスタート地点となり、常に一個人で勝負をしなければなりません。人柄、親しみやすさ、誠実さなどすべての個人的要素で相手を振り向かせる必要があります。業務の中身をしっかりとしたものにすることと同時に、人生において初めて、人間としての魅力を持つことや人徳の鍛錬と本格的に向き合った気がしました。

この人徳の鍛錬は、保育園事業起ち上げに伴い、さらなる高みを求められることになります。

保育園に入れない!?

リサイクルショップの開業から1年余り経ち、業績もよかったので2店目の立ち上げを検討していた頃、長女の妊娠がわかりました。事業はまさにこれから！というタイミングでしたが、このとき、すでに結婚して4年が過ぎようとしており、赤ちゃんは授かりものだということもわかっていましたので、事業を後回しにする覚悟はできていました。

それでも、自営業ですから、自宅から横須賀まで片道1時間半の道のりを、出産直前まで通って働いていました。当時の私は店舗運営のことでいつも頭がいっぱいで、まだ「保育園入園活動」、いわゆる「保活」の概念もなく、仕事を持っていれば、出産したら当然の如《ごと》く、誰でもどこかの保育園へ入園できるものだとばかり思っていました。そのため、雇用している従業員とのシフトも本部のサポートを一時的に借りながら、自分自身は産後1か月だけ休みを取ったあと、すぐに完全復帰しようと考えていたのです。

ところが、出産してすぐに自宅近所の保育園数か所へ、ひと通り入園の申し込みをしたのですが、面白いほど認可保育園も認可外保育園も落ちてしまいました。

理由は自営業のため、です。保育園に入るには家庭状況をポイント制にした点数があります。働いている時間、健康状態などについての設問があり、回答それぞれにポイントがついていて、高いポイントの人ほど優先的に入園できます。

自営業だった私はこの点数が低いのと、年度途中での申請だったことから、空きがなかなか出ないということで、入園できませんでした。まさかの「保育園に入れない」という事態。

入園できないことなど全く想定していなかったので、計画が大きく狂いました。

しかたなく片道1時間半かかる通勤に赤ちゃんを連れていき、店舗近くの認可外保育園をスポット利用していました。しかし、2週間やってみて限界があると悟ります。通勤時間が長すぎて赤ちゃんが電車で泣き止まずに頭を抱えることになるのです。預け先の認可外保育園の保育環境も満足のいくものではなく、毎回、娘を置いたあとは振り向かないように心を鬼にして去ることも苦痛でした。

そんな保育園難民となって産後の育児に四苦八苦していた頃、フランチャイズ店の本部から3年目の更新通知が届きました。このとき、2年間の努力で店舗の年商は年間7000万の推移で順調には進んでいました。

一方、赤ちゃんを抱えながらの遠距離通勤、産後の身で乳幼児育児をしながら店舗の運営を続けるという状態に疲労困憊《こんぱい》し、これ以上、横須賀の店舗を最善のコンディションで守っていく自信は失われていました。

更新するか否か、決断を迫られました。

人生は一度きり。「考える前に跳べ！」

なぜ、出産したことで好きな事業をすることができないのか？

なぜ、本当に必要としている人が保育園に入れないのか？

根本的な原因は自分が女性で、生物学的に出産ができる体の構造であることです。

出産すると、よほど体制がしっかりしている大企業でなければ、産休や育児休暇の制度はそんなに手厚いものではありません。例えば私のような自営業女性が、どうして社会でこんなに肩身の狭い思いをしなければならないのか……。私は出産しても、ただ自分の好きな、そして自分が懸命に育てあげた店舗を守っていきたいだけなのに。そんな単純で純粋な願いさえ叶えられないことにモヤモヤしていました。

私はモヤモヤしながら考え続けていました。社会構造は変えられないけれど、自分は変えられる。小さい子どもを抱えながらできる事業ってなんだろう？

「そうだ！　入れないなら、自分で保育園を開設すればいい！　私の子どもは私のつくる保育園に入れればいい」

保育園をつくるなんて、なんの経験もない私には大それたことかもしれません。でも、人生は一度きりです。やってみなくてはわからないのです。

私は昔から自分で選び、決断しやってきました。その繰り返しの人生を送ってきたのですから、考え込む暇があったら、即行動です。

芽生えた夢は、この瞬間、断固たる決意となりました。

フランチャイズの店は収益的に成功していたため、閉鎖することに本部は留意してくれ、近隣にあった逗子の店舗が、あとを引き継いでくれることになり、私は3年目でリサイクル業のフランチャイズから離れました。

第 3 章

self-realization

認可保育園開設と自己実現

働くママの手助けをしたい

2016年2月、「保育園落ちた日本死ね!!!」というSNSへの投稿が話題になっていました。待機児童問題への匿名の抗議でしたが、反響の大きさから、私が心に抱えたモヤモヤと同様、女性のなかには、生活のため、キャリア形成のため、夢のためと様々な理由を抱えながらも、保育園に入園できず思うように働けていない人がたくさんいました。

事実、私自身も経営と育児の両立の難しさに直面しました。そこから「保育園をつくろう」という決意になるのですが、少しでも自分と同じように働くママの手助けをしたい、という思いもありました。

「保護者も子どもたちも安心して過ごせる保育環境を提供できるママ目線の保育園」を整備したい。保育園不足の社会問題に立ち向かうには微力かもしれませんが、待機児童の受け皿を少しでも増やせたら社会貢献もできる。どれだけやれるかわからないけれど、先に掲げたような保育園をゴールとして、実行に向け、少しずつ下調べから保育園開設の準備を進めていきました。

横須賀へ仕事で往復していた頃、数少ない空きがあった認可外保育施設は、劣悪な保育環境でした。ビルの1フロアに0歳児~5歳児が全く隔てなく収容されていて、大きい子が走り回ると、床で寝ている赤ちゃんが危険でなりません。0歳の長女を預けたときは、仕事に向かうたびに、こんな場所に娘を置き去りにする罪悪感でぐっと涙を堪《こら》えていたほどです。

そんな経験をした自分が保育事業に着手するからには、保護者目線で親も子どもたちも安心して過ごせる「第二の家」を目指そうと固く心に誓っていました。

「やるからには、最高のものをつくりたい。やるからには後悔のないものを完成させたい」

夫をはじめ家族や親族は、命を預かる責任重大な事業の起ち上げに当初、反対意見を述べていましたが、小さい頃から自分で判断し、自分で決める、自分で行動することに慣れていた私を止めることはできないこともわかっていたと思います。私の情熱や思いを徐々に受け入れ、次第に応援してくれるようになりました。

出産してから私が直面した問題、それは共働き夫婦の育児環境でした。

もし、私がそのまま全日本空輸に勤務していたならば、充実した産前・産後・育児休暇を受けられたでしょう。しかし、中小企業や自営業ではなかなか難しい。事実、こうした充実した制度を導入するために、企業は大きな負担を被《こうむ》ることもあると、自分が店舗を経営して実感しました。

保育園の運営をすると決めた以上、リサイクルショップのそれとは比べものにならないほどの人員雇用が発生します。しかも、従業員のほとんどが女性。それでも、自身が経営する会社で女性を雇用した場合は、最低限、国の制度には則《のっと》った産前・産後・育児休暇が取得できる会社組織にすると決意していました。大企業には敵《かな》わないかもしれませんが、私のような苦労だけは、経験させたくないと思っていたのです。

保育園開設に必要なこと

では、保育園経営未経験の私が、いかにして保育園開設ができたかについて、お話ししていきましょう。

まず、すべての事業に必要な資金面です。これには日本政策金融公庫（かつての国民生活金融公庫）にかなりお世話になりました。中小企業の大きな味方です。保育園開設資金のさらなる借り入れは、認可保育園開設の「事業計画書」をもって有利に進められ、追加で1000万の融資を受けることができました。

事業計画書については、認可申請の際に行政から提示された必要書類一式を融資用に整備し直しました。行政に提示する認可申請書類は、運営理念、方針、就業規定、給与規定、雇用人員、事故防止マニュアル、消防計画、施設平面図、資金調達計画、開設後3か年収支計画等によって構成されていて、300ページ以上に及ぶボリュームです。

一度、認可申請代行のコンサルティング会社への申請代行を検討したことがありますが、認可保育園の場合、費用は300万前後との話でした。その費用を捻出するくらいなら、少しでもハード面での設備投資に回したいと思い、すべての書類を自分で準備・作成しました。確かにハードルは高かったのですが、自分で向き合うことでしか自己成長はできません。おかげで、認可保育園事業の書類作成の流れから、法人で整備する際の各規定の作成までポイントを把握することができ、後に開設するすべての施設に適用することも可能になりました。

次に、保育園の園舎の設計を行う建築設計事務所を探しました。何社か見つけ、社長と直接お話しするなかで、未経験な私でもフォローが手厚い事務所に決めました。いくつか園の見学をさせていただき、私のような保育園運営未経験の場合、最初は認可外保育園で運営実績を積んでから、認可保育園を開設する道が正しいと教えてもらいました。

ですが、私の中では認可外保育園の開設についてはネガティブでした。

理由は2つです。

1つ目は、東京都が定期的に開催する、認可外保育園施設の開設説明会に参加した際に聞いたのですが、「認可外保育園の90％以上が様々な理由で1年以内に閉園する」というデータに基づく事実があったからです。

保育園は福祉事業ではありますが、安定した収支構造がないと閉園に追い込まれるのは一般的な会社などと同じです。そうなったら、保育士と子どもたちが行き場を失います。保育園経営の場合、支出のほとんどが人件費と土地や家屋の賃借料という固定費ですが、認可外保育園では経営上、開設当初が一番、収入において不安定要素が大きく、削減できるところはどうしても人件費に走りがちで、そうなってしまっては、安心・安全な保育環境を実現することは難しいと悟りました。

もちろん、認可外保育園でもきちんとしたモデルで運営できるところはありますが、当時未経験の私にとっては、やはり何らかの保障はあったほうがベターです。

2つ目に、「やるからには最高の園をつくる」と心に決めていたモットーがありました。認可保育園の見学をしたとき、行政と一緒に運営をしていける安心感があったのです。

認可保育園では、厳しい基準で設けられた保育士、栄養士などの専門職員の在籍数と、保育室の面積や備品配置などの基準があります。こうしたハード面の基準をクリアすることで、安心・安全な保育が実現されやすいのでしょう。

なんとか、認可保育園からスタートできないだろうか？　これが私の本音でした。

建築設計事務所に伝えると、未経験からの認可保育園の開設は困難を極めるし、ハードルが高いと示唆されました。そもそも、本来は社会福祉法人が参画する事業です。潤沢な資金、加えて土地の確保も必要で、認可保育園の場合、行政の公募のみなので、そのとき公募している地区で、認可保育園の開設が可能な物件が出るかどうかもわかりません。

さらにほとんどの行政が、公募条件に、応募資格として「保育園運営が未経験の場合、認可外か認証で3年以上の保育園運営の経験を有すること」という内容が掲げられていました。どう頑張ってもこの経験はすぐには得られません。これにはさすがに現実を突きつけられ、やはり無理なのだろうか……と、あきらめようとしたとき、ふと、あるネット記事の見出しが目に入ったのです。

「深刻な保育園不足、平成28年度より小規模認可保育園の発動」

内容は、「深刻な保育園不足を解消するため、今までの条例を緩和して、未経験の法人でも、条件に合えば0歳児~2歳児までの小規模保育園の認可を下す」というようなものでした。

「これだ!!!」

心の叫びが聞こえました!!

どうしても自分が思い描く最高の保育園を開設したい！　「認可保育園」を目指すなら、まずはこれで突破口を摑もう！　そう決意しました。

さっそく、建築設計事務所に記事を共有し、「小規模認可保育園」を突破口として、認可保育園をどうしてもやってみたいと伝えました。熱意が伝わり、社長直々に物件探しから設計まで一緒にやってみましょうとお話しいただけました。様々な物件のなかで、小規模認可保育園が開設できるような条件が揃うものを探し、ついに運命の1園目となる保育園の物件に巡り合います。駅から徒歩5分、目の前に公園があり、お散歩にも最適でした。この物件で設計図を整えようと即決し、さっそく事務所に設計図を依頼しました。

子連れで役所の窓口へ

当時は9か月の長女がまだ保育園に入園できておらず、ベビーカーを押しながら赤ちゃん連れで、できあがった設計図と法人概要を持参し、横浜市役所を訪ねました。子連れママの姿をよく見かける区役所の保育課とは異なり、市の福祉施設整備課となると厳《おごそ》かな雰囲気で、泣き声が職員たちの仕事の邪魔にならないよう、最初にお詫びをしました。

しかしながら、持参した書類内容から開設を本気で考えている熱意が伝わったようで、担当の方もそのうち、熱心に相談に乗ってくれるようになりました。

言われていた通り、確かに保育園運営未経験の法人が、新規で認可保育園を開設することは不可能に近い状況でした。募集要項には、財務状況が直近3か年黒字経営なおかつ債務超過でないこと、運営費1年分の現金預貯金が法人口座に確保できること……など、シビアな要求ばかりでした（財務状況に関しては、他業種からの参入の場合、その時点での業績を提出します）。

一方、通常の認可保育園と違い、小規模認可保育園の場合は、保育園運営未経験であってもチャンスがあるということです。

今回持参した計画書の物件は次の基準をクリアしており、行政の反応はまずまずでした。

そもそも、すべての条件に合致する物件が見つかるというのは難しいため、行政側も保育園整備のハードルクリアを目指しているので、物件が条件をクリアできるならばその先の話を聞いてもらえることが多いのです。

1. 近隣に公園がある。
2. 2歳で卒園したときに、受け入れの可能性がある連携先の幼稚園、保育園が存在する。
3. 新耐震基準に準じている。
4. 双方向に2か所以上の避難経路を確保できる。
5. 階層は2階までで、100㎡以上の面積を保有。

加えて、物件を所有している大家さんや近隣の方に、保育園開設に対する理解があり、私を含めて保育園を利用してくださる人たちの通勤などを考慮して、駅から5分以内が望ましいなど付加的要素もあるので、行政も物件のハードルの高さは認識していました。

保育園の設計図は、最初から保育園の設計経験が豊富な建築設計事務所にお願いしていたため完成度も高く、よい評価を得ることができました。そのため、本来ならば未経験で応募資格も危ういところを、担当の方は丁寧に話を聞いてくれたのです。持参した決算報告書、周辺環境を含めた物件情報と具体的な設計図案のおかげで、応募資格は問題なさそうでホッとしました。

先に進めるための書類提出期限や、実際の施設長（園長）候補と法人代表向けの市役所からの面接調整を案内されました。

「マリー保育園」と命名して人員確保を目指す

ここで直面した新たなハードルは、指定された面接期限までに「最低限の人員確保」と「10年間確証を得た賃貸借契約書の根拠提出」です。

実際、許認可が下り、整備工事の開始から逆算すると、面接期限までは4か月ほどしかありません。この間に認可基準を満たす保育士を確保しなくてはならず、当然のことながら施設長や栄養士、パート職員を含めて人員は最低でも15名必要でした。4か月以内にすべての職員との雇用契約書を整備するというのは、自分にとって未知の世界でした。リサイクルショップ運営時はせいぜい1店舗で1～2名の採用でしたので、短期間に15名の採用と内定通知まで完成させられるか、正直なところ自信はありません。

それでも、せっかくここまで辿り着いた成果を白紙にすることなど、絶対にできないと思い、ありとあらゆる保育士の求人広告媒体にコンタクトを取り、紹介会社も活用し、短時間で効率的に採用を進められるよう努力しました。

保育園運営が未経験の経営者の保育園で、どうやったら働きたいと思わせることができるのか……。

とくに施設長である園長と主任は大切なポジションです。それに園長候補は、横浜市の開設面接に私と同行する必要がありました。

そしてその頃、求人広告や行政への提出書類を作成していると、「園名」を決めなければならないことに気がつきました。ここまで進行して初めて、肝心な保育園の名を考えていなかったことに気づいたのです。無我夢中でハード面の整備を進めていたら、ソフト面の構築が全く進んでいなかったことにハッとしました。

目を閉じて深呼吸をして、ぱっと脳裏に浮かんだ自分の理想とする園は、

「子どもたち、保育士たち、迎えに来る保護者たちの笑顔に溢れた温かな雰囲気」「小さいけれど、関わるみんなが『第二の家』のように安心できる場所」

でした。とにかく温かい空間です。

この時点までで、私がここまで何かに情熱をぶつけた経験はありませんでした。だからこそ、それが形になるとしたら……。

「マリー保育園」

自分の名前（マリエ）の一部を園名に込めて、決心が揺るぎないことへの証明としようと思いました。

そして心に浮かんだイメージを辿って、基本理念と保育理念を固めていきました。私自身が保護者の立場でもあったので、「私が安心して子どもを預けられる保育園にしたい」ということが原点です。

保護者目線で「あんしん、あったか、あかるく元気な保育園」をともに盛りあげてくれる仲間を募集しよう！と思いました。社長と従業員という関係ではなく、ともに子どもを最優先に考えて理想的な保育環境をつくりあげる同志、家族のような存在です。この気持ちを、面接に来てくれた先生たちに訴えられれば、きっと何かが伝わるはず。とにかく一人ひとりにこの思いを届けながら大切に面接してみよう――。

ちなみに、読者の皆さんもお気づきかもしれませんが、先の標語は、第1章の最後で触れたように、私が新卒で入社した全日本空輸（ＡＮＡ）の行動指針そのものです。この言葉は、誰にでもわかりやすくて素晴らしいと感じていましたので、航空会社とは業種が全く異なりますが、私が思い描いていた保育園の運営にも大いに役立つものがあり、活用させていただきました（公の理念としては出していませんが、のちに保育園を開設した際には職員室に掲げ、職員がいつも身近に感じられるモットーとして使用していました）。

差し迫っていた職員募集も、具現化された理念によって、不安は前向きな気持ちへと変わっていきました。

施設長候補の面接後のハプニング

マリー保育園は次のようなモットーと理念を掲げました。

モットー：子どもたちの「第二の家」

基本理念：●子どもの笑顔・保護者の笑顔・地域の笑顔に役立つ。
●保育園の役割を通して、地域社会に貢献する。

●子どもの自立心を育てる。
●一人ひとりの個性と人権を尊重する。

保育理念：●達成する喜びを学び、自分で考え、行動できるようにします。
●コミュニケーション能力を伸ばし、自信に満ちるようにします。
●個性を大切にし、感性豊かにします。
●国際的感覚を学び、視野を広げるようにします。

これらをもとに職員の募集を開始しました。

最初に面接をしたのは園長候補の先生です。何人かお会いし、そのうちの一人は認可外ではありますが、実際に施設長経験が10年以上あるベテランの先生でした。

ママやパパ目線で本当に安心できる、温かい家庭的雰囲気のある環境づくりをするためには、オープニングメンバーが重要であることは言うまでもありません。記念すべき「マリー保育園」第1園目です。私が未経験なこともあり、やはり保育園の運営経験が豊富な、今後の経営を担っていけるような人に来てほしいと願っていました。とくに園長先生は園の中心人物として、保育に関する全般的なことを私と二人三脚でやってくれる人がいいと。

もちろん、園長先生だけでなく、面接に来てくれた保育士の先生全員に、これまでの私の経歴と保育園開設の動機を伝えしました。なかには心機一転、新しく活躍できる職場を探し求めていた先生たちもいて、私の理念に共感し、前向きに仲間として働きたいと言ってくれました。

幸運にも、園長候補をはじめ、このとき面接に来てくれた先生ほぼ全員の内定受諾を得ることができました。

採用活動と膨大な行政提出用書類の作成や準備をなんとか期日内に終え、いよいよ横浜市との面接に臨みました。呼ばれるのは代表（私）、施設長（園長）候補、設計担当者の三者です。

保育園開設の動機、財務状況、賃貸契約の中身、採用状況、保育内容の詳細、施設長の経歴、設計図面の合理性、使用する資材、工事スケジュールなどについて具体的なヒアリングがありました。

緊張する面接を終え、合否決定を待ちます。

その後、市役所から電話があり、今の状況のままでは許認可を下せないという事実がわかります。

理由は、施設長候補の職務経歴に認可保育園での勤務経験がないというものでした。面接に行ったときの施設長は、定員60名の認可外保育園で10年間の施設長勤務経歴はありましたが、認可保育園での勤務経験はなかったのです。今回、運営法人が認可保育園の運営未経験なため、その施設長では合否すれすれだと告げられました。ただ、それ以外の部分については十分に準備がされていると評価され、期日までに代替の施設長候補を立てられるならばと、もう一度面接のチャンスを与えてくれました。

しかしこの時点では再面接までの期日がかなり短く、その期間で新たに施設長候補を見つけ、内定までできるのか……。現実的に考えると絶望的で、途方にくれました。

こうした一連の結果を一緒に面接に臨んだ施設長候補の方に伝えました。一緒に理想の園づくりをしようと何回か打ち合わせをし、語り合った経緯もあったので、彼女もとても残念がっていました。

それでも、「今回は一緒に働けなくて残念ですが、まりえさんの情熱はきっと伝わりますから……。応援しています！　頑張ってください！　もし認可が下りたら、私にも教えてください！」と励ましてもらいました。

とにかく、なんとかほかの人を探さなければ……。と、そのとき、園長候補としてもう二人、面接をした方がいたことを思い出しました。合否通知から1か月経過していたので、もう別の園に決まったかもしれないと思いながら、それでも、少しでも可能性があるならと、私は二人の園長候補の方に連絡をしてみました。

案の定、一人はすでに他園で内定済みでした。もう一人の先生は認可保育園での勤務経験は長いのですが、施設長の経歴はなく主任まででした。

認可保育園での勤務経歴を重視していた行政が、どう判断するかは未知数ですが、もしこの先生がマリー保育園でともに理想の保育園づくりに賛同してくれるなら、挑戦しない理由はないと思いました。現在は何の仕事をされているのかと聞くと、派遣で認可外保育園の保育士としてパート勤務をしているとのことです。

さっそく事情を伝え、もしまだ小規模認可保育園での施設長職にチャレンジしたい気持ちがあるなら、一緒に頑張ってみませんかと誘いました。本人も突然の話で驚いたようでしたが、面接時のこちらの印象は悪いものではなかったようで、一度前向きに検討してみたいとの返答をいただけました。

後日、ぜひやらせてほしいと連絡があり、とても嬉しく思いました。私にとってても彼女にとっても、新しい何かを期待して始めたい思いがあって、互いの思いが繋がった瞬間でした。

急いで行政へ新たな施設長候補の履歴書を送り、面接の再調整を依頼しました。いただいた最後のチャンスを無駄にしないよう、面接前に施設長候補の方とは何度か面接内容の共有や打ち合わせを重ねてから臨みました。

努力の甲斐あって、面接では、主任経験のみではあるが、認可保育園での経験が長いことを評価してもらい、工事着工など、具体的な開設へ向けて先に進むことを許されました。合格です！

すぐに、これまで未経験だった私の背中を押してくれた建築設計事務所の方、採用に内定したすべての職員に、合格の知らせを伝えました。

「まりえさん！　よかったですね！」

最後まで四苦八苦が続き、ようやく先へ進むことができたこともあり、内定職員からの言葉が本当に嬉しく、涙が溢れました。

「よし！　まだ始めの一歩……、これからが本番！　きっとやれる！」

そう自分に言い聞かせました。

思いを詰め込んだ開園準備

開設にあたり、開設地の管轄区である横浜市の青葉区役所で、待機児童の現状について話を聞くことができました。やはり0歳児〜2歳児の乳幼児の待機児童は多く、待っているお母さんたちが確かにいるという事実を再認識しました。

その日区役所を後にし、保育園予定地の物件に立ち寄りました。最初に内見したときから一目惚れの物件です。目の前には公園が広がり、駅から徒歩5分で保育園には好立地。目の前にある公園から予定地を眺めながら、「開園を待っている人がいる。もう後戻りはできないし、理念通りのいい園をつくろう」と改めて心に誓いました。

工事などのハード面に加え、運営の中身であるソフト面の準備も進めていきました。ホームページの立ち上げ、保育書類の整備、保育計画の立案……等々を、園長と二人三脚で少しずつ進めました。

採用のために先生たちの面接を行ったときに感じた、当時の保育業界における職場環境の悪い点を、マリー保育園では踏襲しないようにしないといけません。

例えば、残業については、

「月10時間などのみなし残業が横行していたので、残業代がつかない」

といったものがありました。

ここの部分は園長と相談し、充実した人員の補充で確実に残業の発生を抑える努力をすることとし、さらに、乳幼児に特化した保育園ということで閉園時間が早かったので、通常の5歳児までいる認可保育園に比べてシフト調整がしやすいように工夫しました。

現場からは、

「保育士特有の書類作成が負担で肝心な保育まで気が回らない」

という声も出ていたため、先ほどの閉園時間の早さ同様、小規模認可保育園の利点を活かし、作成する書類は認可基準に合わせた最低限の量にしました。ここでいう書類作成とは、保育日誌（各園児の1日の様子）、週案（各クラスごとの1週間の計画や保育目標）、月案（各クラスごとの1か月の計画や保育目標）等、多肢にわたる保育記録のことを指します。

保育園開設時には、当時はまだ珍しいＩＣＴ化を図り、タブレットによる電子管理の手法も取り入れました。

保育園は単なる託児所ではないので、担任が入園する子どもたちの成長に合わせ、きちんとした計画を日・週・月それぞれに、日案・週案・月案として作成していきます。各々の子どもたちに対し、毎日、園で起きたことをきちんと記録することが求められるのです。園によって独自の様式があり、行政からは書類様式の指定はとくにありませんが、認可保育園では毎年の保育監査に向けて、基準を満たす書類を作成するため、度々過剰な量の作成を保育士に負担させてしまうケースもありました。

マリー保育園で仕事をしてくれる予定の保育士の先生方から一つひとつ提示される、園に対する要望をできるだけ受け止め、改善に向けてプランを考え、実行する作業を園長先生と行っていきました。

園を設計してくれる建築設計事務所と施工会社は、保育園の整備経験が豊富で、たくさんの提案やアドバイスをしてくれました。もちろん、ママ目線のアイデアも多く取り込みました。子どもトイレの壁紙はミッフィーちゃん。オムツトレーニングでトイレに行く子どもたちが、少しでも「楽しい」と思えるような空間にしたかったのです。先生たちのエプロンは、生地からデザインまで細部にわたって一からオーダーして仕上げました。優しく温かい印象を与える淡いピンク色のチェックの生地に、刺繍で「まりーほいくえん♡」のロゴを入れてもらいました。子どもたちを抱っこするときでもロゴが見やすいように、場所を胸の中心の位置にしてあります。

園の壁は角を丸く削って、ぶつかっても大きなケガをしないようにしました。床はクッションフロアにして、転んでも痛くなく、冬場は暖かい……。

小さな園ですが、子どもたちへの思いが詰まっていました。徐々に完成していく園を見ながら、いよいよ稼働していくんだと実感が湧いていきます。

ついに開園！　そして第2子妊娠へ

忘れもしない2016年4月1日！

1園目は小規模園だったこともあり、保育園事業に着手してからここまでの準備期間は約9か月ほどで、なんとか初めての小規模認可保育園の開園日を迎えることができました。長女はこのとき、1歳2か月。まだ保育園の入園は叶わず、開園式の日は長女も一緒に後方で見守りました。

「あなたも早くどこかの素敵な保育園に入れますように！」と笑顔で長女と目を合わせました。無事にこの日を、娘とともに迎えられたことは何よりの喜びでした。

有難いことに、預かる子どもはほぼ定員に達した状況でのスタートです。先生たちも、手作業で入園式のプレートや飾りを作ってくれました。園内は、保護者と子どもたちの和《なご》やかなムードに満ち溢れ、先生たちも出し物として、素晴らしい歌を披露してくれました。みんなが開園を待ち望んでいたので、本当に安堵し、ここまでのプロセスで、たくさん支えていただいたすべての方に「ありがとう」と心の中で念じました。

未経験の私の熱意に耳を傾けてくださった市役所・区役所の行政の方々、物件探しと契約交渉に尽力してくださった不動産会社の皆さん、期日内の工事完了と細部にまでこだわって工夫してくれた設計と内装工事会社、そして、開園までの限られた時間内で、入園式の準備や保育環境の構築に尽力してくれた先生たちに感謝の気持ちでいっぱいになりました。

「人は一人では何もできない」

よく聞く言葉です。本当にその通りなのです。明白な目標を持って情熱的に行動すれば、ここまで周囲を巻き込んで、よい結果を得ることができる。つくづく、自分は周りの人に恵まれているなあと思いました。

開園という一つのゴールを迎え、次は安定運営に向けてのスタートです。

子どもたちが新しい環境で過ごすことに慣れるまでの期間を「慣らし保育」といい、平均

1週間ほどですが、子どもたちにとっても先生たちにとってもてんやわんやな日々が続きます。泣きわめく子どもに、少しでも早く親しみを持ってもらおうと先生方が格闘します。私ももちろんお手伝いできるときは保育に参加しましたが、やはり経験ゼロのため思うように対処できないことが多く、どうしたらいいか悩みました。

少しでも現場の先生の気持ちがわかる経営者でいたい――。

「そうだ！」

思いついたのは、自分も保育士資格を取得すればいいんじゃないか!?ということでした。資格があれば、きっと何かが変わる。保育の仕事について、そう確信したのです。さっそく通信教育で保育士資格取得講座を申し込み、育児や経営の合間に勉強を始めました。

ドタバタな慣らし保育から無我夢中で毎日を過ごしていくうちに、あっという間に半年余り経とうとしていました。

その頃（第1園開設から7か月が過ぎようとしていた10月頃）、第2子の妊娠がわかります。じつは私の体の構造は、普通の女性とは少し異なるものでした。「先天性双角単頸《そうかくたんけい》子宮と片腎」でこの世に生を享《う》けたのです。判明したのは偶然で、大学生のときに入院したことがあり、そのときに受けた全身検査からでした。

子宮の奇形は、全女性の5％が持っているそうです。染色体異常で起こりうる場合もあれば、遺伝的要素もあるかもしれません。先天性双角単頸子宮というのは、子宮が長い耳のようにと2つある状態です。奇形による出産だけでもリスクを伴ううえ、片方の腎臓しかないので妊娠高血圧症になるリスクも高く、私のような体の構造をした女性にとって、妊娠・出産の行為自体が命取りであると長女出産時の担当医師に言われていました。

事実、通常の産婦人科での出産は受け入れられず、万が一の緊急事態にも対応ができるように大学病院などの医療体制が整えられている病院で、とされていました。長女を出産する際も、妊娠後期は腎臓に負荷がかかり、妊娠高血圧症候群との診断を受けましたし、最後は「これ以上胎児が体に留まると危険があるため、促進剤で一刻も早く出産を促すことが必須」と言われ、促進剤を使用しての自然分娩となりました。うまく分娩が進まなかった事態に備え、帝王切開の準備も整えられていました。

そんな長女の出産の記憶がまだ鮮明だったので、とにかく、今回は万全の態勢で臨まなくてはと思いました。

職員の一斉退職

ちょうど同時期、職員へ次年度の継続勤務の意思確認面談を実施したところ、衝撃的な事実が判明しました。

なんと……、今までともに園を盛りあげてきた正規職員の先生4人から、次年度の勤務継続を見送りたいという申告があったのです。私は寝耳に水の事実に驚きを隠せませんでした。担任の先生が4人同時に4月からいなくなるという事態は、小さな園にとっては大きな危機です。保護者や子どもたちへも動揺が起こりうる可能性があります。10月にその話を聞いたのですが、新しい子どもたちが入園する次年度の4月までに、引き継ぎや研修を含めると、少なくとも来年の2月までには後任の新規職員を決めなければなりません。

面談を終えた日から眠れない夜が続きました。とはいえ、立ち止まってはいられません。新規職員採用へさっそく動き出し、求人広告の掲載や人材紹介会社を通してのアプローチなど、なんとか2月までに新規採用ができるよう努力をしました。と同時に、先生方へのヒアリングで退職理由をはっきりさせ、今後の教訓にしようとしたところ、わかったことは、全員「人間関係によるもの」ということでした。

園長先生の保育方針に個性的な部分があり、熱心さもあって時に厳しい指導に及んでいたため、先生たちがみな苦労していたとのことでした。定期的に園長先生からの報告を受け、園の運営状況を把握するようにはしていたつもりです。園に行けば現場の先生たちと一緒に給食を食べたり、保育補佐もしていましたが、こういった内心の葛藤を私は見抜けませんでした。保育園開設前のリサイクルショップ経営時代は、アルバイト若干名で運営していたため、急拡大した際の雇用に対しての人員管理や心のサポートができていなかったんだ……と反省しました。

自分が思うほどには、現場の先生たちと深く関わっていなかったのかもしれない……。

どうしても、中間管理職である園長だけから状況報告を聞くことが多く、もう少し現場の先生たちにも定期的なヒアリングをする機会を設けていたらよかったと思いましたが、悔やんでいる暇はありません。今は一刻も早く新規職員の補充に尽力し、また現職員の先生へのヒアリングを続け、勤務継続が可能かどうか、条件交渉をすることが先決でした。

双子の流産と保育士試験

こうした課題に取り組むなかで年が明け、産婦人科の定期検診に行きました。

すると、

「心拍が確認できないですね……」

と医師に告げられました。お腹の赤ちゃんの心拍がない？

「それって、赤ちゃんが生きていないということでしょうか？」

残酷な事実を突きつけられたのに、当時の私は、感情的起伏さえありませんでした。なんだか他人事のようで、いま起こっていることを、まともに受け取れません。

「何回か確認しましたが、心拍停止で間違いないと思います。心房が2つありますし、まだ小さいのでなんとも言えませんが、双子だった可能性が高いですね」

「……双子だったんだ……」

赤ちゃんは私の体に気を遣って、自分たちのほうから離れることを選んだんだ、と悟りました。

双角単頸子宮での妊娠に加え、園の同時職員離職への対応や自身の保育士試験の準備と、多忙で過多なストレスがかかってしまったのが原因だそうです。保育園事業に着手してから、ずっと眠れない夜が続いていました。でも、無我夢中で目の前にある課題を処理することしか、当時の私には選択肢がなかったのです。

その後、亡くなった赤ちゃんを取り出すため、手術を受けました。全身麻酔で行われましたが、手術中の麻酔による強制的な睡眠時間は、赤ちゃんたちからの贈り物だったのかもしれません。

全く夢も見ずにぐっすり眠れた3時間。手術後の目覚めはとてもすっきりしたものでした。これまでずっと眠れなかったのに、やっと睡眠をとれたのですから。

でも、あのときの気持ちを思い出すと複雑な気分です。赤ちゃんを完全に体外へ出した喪失感と快眠の心地よさが表裏一体となって、申し訳ないという気持ちと、体が楽になったという感覚とに襲われました。亡くなった赤ちゃんのためにも、前へ進まなければと思い直した私は、気持ちの切り替えに入りました。

というのも、流産手術日の翌日は、偶然にも保育士試験の2次試験日だったのです。ここで受験を逃すと、せっかく通過した1次の筆記試験が無駄になってしまいます。手術直後とはいえ、体が動くのであれば、見送ることはできませんでした。

2次試験は実技で、「造形（絵画表現）」「言語（課題のお話の語り）」「音楽（課題曲の弾き歌い）」の3科目がありました。この3つのなかから2つ選択します。造形と言語を選択した私は、言語の課題である『3匹の子ぶた』の暗唱の練習を病室で開始しました。人間というものは無我夢中になれる目標があると、ここまで必死になれるんだなあと、自分のことながら思いました。

迎えた実技試験当日、術後の体調を心配してくれた母が朝鮮人参茶を持参し、同行してくれました。すると、試験の待合室で、なんと建築設計事務所の社長に会ったのです。肩にヴァイオリンをぶら下げて、少し疲れた様子を見せていました。

「!!　○○さん！　どうしてここに⁉　保育士試験ですか⁈」

「そうなんですよ！　やっぱり自分でも持っておいたほうがいいよね」

苦笑いする社長の笑顔を見て、責任を負う立場として、こうやってみんな陰で努力してるんだよね……と思いました。普段、会社で会うときの社長はいつも自信満々で元気だけれども、裏ではどれだけ疲労困憊でも、自分のやれることをやっているんだなと、改めて社長にも共感しながらも、立場的には同志のような親近感を抱いた社長だけあって勇気をいただきました。

社長に、持参していた朝鮮人参茶をお裾分けして、いざ試験に臨みました。午前中に造形、午後に言語です。術後の痛みと疲労を感じながらも歯を食いしばって乗り切りました。手応えはあったので、合格の自信はありました。やれることはやった、後悔はない。そう自分に言い聞かせながら試験会場を後にしました。

社長とお別れしたときに見えていた彼の背中を思い出し、

「よし、私も頑張ろう！　きっと受かる」と気合いを入れました。

そして、今はとにかく、一刻も早く横になりたい……。ただただ、それだけでした。

保育士試験合格まで（目標達成の方法）

保育士試験までの日々を振り返ってみると、育児と家事と事業に励みながら、試験勉強をこなすというのは容易ではありませんでした。それでも、自分自身が事業主である保育園の仕事、つまり保育士のことを知らないと経営はできないという思いが、モチベーションになりました。保育士資格の取得は必須だと頭に叩き込むと、「やらなければならない」カテゴリーに自然と脳が振り分けてくれる感覚でした。

目標は1年以内の資格取得です。やるからには、必ず目標を達成させるという決意で、これには「逆算の方式」を私は好んで用いていました。達成したいゴールを決め、そのゴールから逆算して、スタートする時期と学習計画を立てていきます。これはあくまでも私の感覚ですが、ゴールリミットを自分に課さなければ、最後まで到達できる割合がぐっと減ると思っています。これまでの高校受験、大学入試、就職活動、すべてそうでした。

自分が何を目標にしていて、いつまでに何を成し遂げたいか、具体的なイメージができているほうが、確実に能動的に動ける実感がありました。人間の脳とは不思議なもので、しっかりした目標のイメージがあればあるほど、モチベーションが湧き、「やる気」というエネルギーに変わるような気がします。

「逆算の方式」は、読者の皆さんへ自信を持ってお勧めしたい目標達成の方法です。

通信教育で始めた保育士講座ですが、届いたテキストがとてもクオリティが高く、日々忙しくしていても、効率よく学習できるよう、コンパクトに要点がまとめられていました。教材はA5サイズだったので、常にカバンの中に忍ばせて、電車の移動時、昼食の時間、仕事での待合時間などに必ずその日の学習目標となっている項目に目を通していました。とにかく時間がないときは、反復学習が一番効率がよいと私は思っています。

なぜかというと、人間の脳は、本来日々溢れかえる情報を忘却するための処理を得意としているからです。そもそも、覚える作業自体、脳は得意としていません。ただ、「生きるために必要な知識」というのは必ず忘れないようにできているのです。

脳には海馬《かいば》という短期記憶を司《つかさど》る部位がありますが、海馬を騙《だま》し、長期記憶を担う大脳皮質にまで短期記憶を通過させるようにできれば、その記憶は忘れることはないと言われています。なので、海馬を騙すためにも、繰り返し「反復」を行うことが重要なのです。

保育士試験の1次は筆記試験で8項目あり、そのすべてに合格しないと通過できません。8項目の内容をどれほど暗記できるかが肝になります。なので、1日1日、少しずつ反復しながら、とにかく教材を読みこなしました。

1年間と決めたなら、最初の3か月は1〜4科目の教材を、反復読書する気持ちで何度も時間が許す限り目を通します。次の3か月は5〜8科目の教材を同じように反復読書していきます。そして7か月目からは、とにかく問題集を解きまくります。実際に暗記した内容を、問題集を通して「活かせる知識」にしていくのです。問題を解くことで、インプットとアウトプットの反復が自然と行われます。ここで忘れかけている知識をもう一度、教材を通して読み直していきます。何度も反復すれば、驚くほど脳は記憶してくれるようになります。

もちろん、この方法は私に適したやり方で、必ずしもすべての人にこれが一番よい方法ではないと思います。試行錯誤しながら勉強していくうちに、自分にとって最も効率よく学習できる方法が見つかるはずです。いろいろなやり方を試してみてください。自分に適した「反復学習」ができれば、多忙な日々でも有意義な資格取得のチャレンジができるのです。

2次試験の実技で私は、造形と言語を選択しましたが、通信講座の実技試験対策部分をしっかり読み、言語は就寝前の時間を利用して、娘を相手に練習しました。物語を暗記して、登場人物によって声のトーンを変えたり動作をつけたり、表情豊かに語るのです。これを当日、審査官に向かって行います。

また、絵画も実技の過去問を何問か解き、ポイントである人物の表情の描き方や保育園での情景がスムーズに思い浮かべられるように脳裏でのイメージトレーニングをしました。実技試験前の1、2か月は園で発生したイレギュラーな対応で勉強時間はほぼ取れず、そのうえ前日には双子の流産手術という身体的にも精神的にも大きなダメージがありましたが、できる限り就寝前と昼食時の合間を利用して本番に臨むことができました。

こうして、保育園を開設して早々に思い立った「1年以内に保育士資格を取る」という目標は、最初に決めた通りに達成できたのです。何か達成したい目標があるときは、ゴールリミットを決めて、「逆算の方式」で取り組んでみてください。

小規模認可保育園の園数拡大へ

流産と保育士試験を乗り越えたあとは、引き続きマリー保育園の正職員一斉退職の対処に努めました。費用が高額でもいいので、人材紹介業をメインに迅速な採用活動を行うことに徹し、紹介会社は計6社ほどを利用。網を広げるように、とにかく一人でも多く面接まで至る可能性を増やそうと心掛けました。

本格的に採用活動がスタートしたのは2月です。もちろん保育士採用に特化した求人広告への掲載も期間限定で予算を組み、募集を行いました。採用面接に至った人材をなるべく確保できるよう、園の強みや働きやすさを必死で伝えます。

そのおかげでなんとか3月までに目標採用人数4人を確保し、新しい職員の配置と保護者への説明を終えました。

今回の事件を園長とは深く反省し、今後の教訓とすることにしました。同様な事態は断固回避しなければなりません。職員が働きやすい職場づくりを工夫するように指導し、大型の園ではないので、職員の心の動きに常にアンテナを張ることと、何か少しでも気になることがあれば迅速に私にも共有するよう園長に伝えました。

次年度は職員との関わりに細心の注意を払いながら、心機一転、気持ちを切り替えなければなりません。


施設長である園長が職務を全うして初めて施設の運営は安定します。認可保育園では行政へ施設長名を報告する義務がありますし、短期間での施設長交代は新設園にとって致命傷であり、保護者からの信頼も大きく揺らぐことがわかっていました。ですから、施設長の交代だけは避けねばなりません。保育園に限らずですが、閉鎖された空間における女性中心の職場では、管理職（保育園では施設長）を中心とした職員の安定雇用は永久の課題といえるのかもしれません。そして、人間関係において、どうしても現在の職場での勤務が難しい場合、1園ではそのまま職員の退職に繋がってしまいます。このときの経験は、私に園数拡大への決心を強く促すこととなりました。

じつは、10月に発覚した正職員全員退職と同時期に、青葉区役所の方から隣駅の物件情報を共有してもらえました。保護者や園児に寄り添った保育園運営の評判が役所に届き、同じような保育園をまたつくってもらえないかというのです。信頼関係が得られたことにとても喜びを感じました。

さっそく区役所で紹介された現地を視察し、設計図からプランニングを開始します。

1園目立ち上げ時の流れが頭に入っていたおかげで、だいぶスムーズに動くことができました。この経験を経て、やはり何ごとも実践が大切で、自ら立ち働いてやってみることが一番だと痛感しました。

さらに、この2園目の立ち上げと同時期となる2017年4月に開設予定という園の物件情報も入手します。今度は横浜市ではなく東京都練馬区でした。こちらもマリー保育園で運営するとなると、早くも3園目になります。2園目の準備が先行してスムーズに進んでいたので、練馬区の園もやってみようと思い、青葉区と練馬区の同時進行で、行政と開設準備に取り組むことになりました。

横浜市の場合は、市が統括して各区の保育園開設を担う仕組みですが、東京都の場合、管轄が各区ごとです。それぞれの区で保育園開設の要綱が異なっており、各行政に合わせて募集要項を確認し、条件も再確認していく必要性がありました。横浜市ではこうで、練馬区ではこう……、違いを理解しながら、各行政に合わせた応募書類準備を進めていきました。認可申請書類を外部に委託して作成する事業者もいましたが、私は少しでも行政に熱意を感じとってほしいと思い、自分の言葉で文章を作成することに決めていました。応募に至った動機や思いを交えて、私にしかつくれない園なんだと、精魂込めて書類作成をしました。

こうして、1園目を開設した年には紆余曲折がありましたが、2園目、3園目は翌年の4月に無事に開設。合計3園の小規模認可保育園の開設を成功させました。3園の運営になると、法人として運営方針を一応は決めていても、各々の園で個性が出てきます。園長先生によって保育の細部のやり方が異なったりするため、同系列内で比較対象ができる園をつくれたことは、とてもよかったと思います。これまで叶わなかった情報交換や共有を行うことができ、よいところを学び合い、ともに課題を解決していける仲間も増えました。

園数が増えることによる運営の大変さはありましたが、こうした相乗効果もあって、2年目からは園運営が比較的安定してきました。現場の保育業務と行政との事務作業なども、短期間に3園立て続けに経験できたことで、ひと通りの流れを把握でき、いろいろな意味で保育園事業に少し自信がついてきました。

トップに立つ自分自身も日々、様々な職員の人間関係の課題や園児の保育環境の課題を解決していくことで、人間として大きく成長できた手応えを感じ、保育事業を始めた充実感を得ていました。

第4章

decision

保育園事業の急拡大と譲渡の決断

初めての認可保育園開設。チャンスは逃さない

3園の小規模認可保育園運営が軌道に乗り、2017年8月、会社にとって大きなターニングポイントが訪れました。

東京の台東区に非常に保育園に適した物件があると、連携していた不動産業者の方から情報をもらったのです。双方向に出口があり、新耐震基準をクリアした、路面に面した日当たり良好な環境でした。さっそく建築設計事務所に図面を起こしてもらうと、小規模認可園としては面積が広すぎて、通常の認可保育園としては面積が狭いという、どっちつかずの難点がありました。ただ、面積以外の環境面は非常に恵まれていたので、簡単にはあきらめることができません。

当時、台東区は待機児童問題が深刻で、行政では待機児童問題の解消が大きな課題となっていました。都心に理想的な認可保育園候補となる物件は少なく、これという物件が出たとしても、高額な家賃や面積の問題で流れるケースが多かったのです。

本来、認可保育園というのは、0歳～5歳までの児童の受け入れが必須です。しかし今回

の物件では、どう工夫して設計しても3歳児までの定員しか収まりません。ただ、台東区も他区同様、待機児童、なかでも0歳児~2歳児の待機児童数が多く深刻な状況でした。ですから、行政と私たち事業者の努力でなんとか事態を改善させたいという思いがありました。

こうした思いが届き、なんと3歳児までの定員で認可保育園開設を特別に許可してくれることになりました。目標にしていた認可保育園開設への扉が、今度こそ開くかもしれません。

「ここは勝負どころだ！　頑張ってみよう！」

少しでも可能性があるならば、挑戦しないで後悔することだけは避けたいと思い、チャレンジすることにしました。

時間が少し遡りますが、じつは、1園目の職員一斉退職という大変な時期に流産した後、ほどなく再び妊娠します。妊娠週数を確認すると、2017年11月頃に出産を迎えることがわかりました。順調にいけば、ちょうどこの台東区での認可保育園の書類申請結果が判明する頃です。

流産まもない体での妊娠、加えて双角単頸子宮と片腎もあり、絶対安静で臨む出産が望ましいと医師からはアドバイスを受けていました。ただ、認可保育園開設への扉が開くチャンスが目の前にあるならば、これを逃す選択肢はない。そう揺るぎない決心もあったのです。お腹の赤ちゃんもきっと頑張るママを応援してくれるはず。流産してしまったお兄ちゃんやお姉ちゃんの思いを汲んできてくれた子なんだから……、きっと強い！　保育園の開設を待っている子どもたち、親たちがたくさんいるのです。やると決めたなら、とことんやってみよう！

「ね、赤ちゃん！　ママと一緒に頑張ろうね」

と、お腹をさすりながら深呼吸しました。

それからは3園の小規模認可保育園の運営と、初めての認可保育園開設へ向けて認可申請書類作成の準備とを同時進行することになります。多忙を極めました。当時、3園の職員数は一気に35人まで増えていたにもかかわらず、本部組織は相変わらず私と母のみです。

前述しましたが、最初の起業でリサイクルショップを経営したときにも、母には経理をみてもらっていました。両親のやっていた中華料理店は２０１１年の東日本大震災で休業後、そのまま営業を終わらせたので、すでに父は引退していて母にも比較的、余裕があったのです。そこで再び、入出金など経理部分の管理を母にお願いしました。それでも、私はその他の総務全般、面接、採用、人事制度の構築、行政交渉、事業費や請求業務全般、新規開設園準備全般等を一人でこなす必要があり、長女の育児をしながら、自分が妊娠している身であるということも忘れ、昼夜を問わずありとあらゆる業務に追われていました。

自分で決断して歩んだ道だからこそ、弱音を吐きたくなかったのです。1園目開設後の7月頃（2016年）には、長女もようやく近所の認証保育園に入ることができていました。どんなに忙しくても、いったん仕事を中断させ、夕方5時には長女を保育園へお迎えにいき、それから夕食、お風呂、寝かしつけ……。子どもが寝たあとに再度、書類作成に取り掛かる。睡眠時間は、毎日ほぼ4時間程度。そんな日々に気が滅入るときもありました。でも、逃げ道はどこにもありません。逃げ道をつくるのも嫌でした。この事業は走り出したら止まれないのです。職員のためにも、保育園に入れず行き場を失っている子どもたちのためにも、会社の将来のためにも前進するのみ。

今考えると、お腹の中にいる次女には本当に申し訳なかったと思います。妊娠中は一度たりとも気が緩んだことがありません。赤ちゃんにもかなりのストレスを与えてしまっているのではないかと、心配することも度々でした。

危機を乗り越えた奇跡的な次女の出産

妊娠後期になると、大きなお腹を抱えながら各園の巡回をこなしました。案の定、片腎のため、また妊娠高血圧症になり（いくら生活に気をつけていても、体の問題により免れません）、医師から病院の所在地である品川区を離れないようにしてほしいと勧告がありました。

「でも先生……、私、保育園を何か所か運営していまして、どうしても行かないと困るときがありまして……」

「どこに行かれるんですか？」

「例えば練馬区とか……」

「！　今あなたは妊娠高血圧症候群なんです！　練馬区で何か起こったときに、救急車はあなたをこの病院まで連れてきてくれますか？」

「……」

「ご自身の体をもう少し考えてくださいね。あなたの場合、毎回の妊娠・出産が命取りですから、出産自体、今回で最後にされることをお勧めします。お体のためにもこれ以上、腎臓に負担をかけてはいけません」

今でも、このときの先生とのやり取りは忘れられません。

先生の切羽詰まった表情に、心底、心配してくれているということがよくわかりました。双角単頸子宮と片腎、さらに妊娠高血圧症候群もある妊婦の症例は珍しい、ということもあるのでしょうが、流産後の私をとくに気にかけてくれていました。

ただ、あの時期、私にしかやれない仕事がたくさんあるのも事実でした。体も赤ちゃんも大事。それはもちろんわかっています。でも、休んでいる暇がないのです。台東区へ提出する認可申請書類の作成と印刷準備に明け暮れました。150ページほどの書類を、正本と副本合わせて8部提出する必要があります。それと同時に職員の採用面接と合否通知の段取り、さらには日々、各園での突発的な出来事へのイレギュラー対応等もありました。

恥ずかしながら提出書類は、誤字脱字があったり資料の順番が間違っていたりして、書類の状態を見かねた台東区の職員が優しくフォローしてくれました。

「致しかたないです……（苦笑）。妊婦さんにここまでの業務をお願いするのも心苦しいですから。すでに到着している分の認可申請書類に関しては、中身の分別整理は私たちがやっておきますので、ゆっくり休んでください」

電話越しの声が優しく響き、感極まって、涙が滲みました。私一人では、やはりやり切れなかったと思います。

そんななか、台東区の認可申請書類の関門を無事突破してまもなく、練馬区の園で園長先生の退職問題が発生しました。すでに1週間ほど体調不良で休んでおり、主任保育士が園の運営を切り盛りしているというのです。

じつはこの練馬の園は、開園当初から園長と保育士たちとの間に軋轢《あつれき》があり、いろいろな事情で人員変動が多く、まだ運営自体が安定していない状況でもありました。

例えば、ある職員は退職理由に〝がんになった〟と報告してきましたが、提出された診断書と退職のタイミングが不自然だったため医療機関に確認したところ、診断書偽造が発覚したことなどがありました。

また、新規採用で面接した職員が入社手続きを終えたにもかかわらず、初出勤日に顔を見せることなく音信不通のまま来てもらえないような事態など、深刻な事象が立て続けに生じていました。園長もこのような不安要素に翻弄されたこともあってか、体調不良からの欠勤が増え、ついに退職願が出たのです。

一般の保育士であれば、募集すれば補充要員を見つけることができますが、園長のポジションの人材となると、すぐに後任者を見つけることは容易ではありません。日々の保育園運営を成り立たせるためには、後任者が確定するまで、私が園長業務の一端を肩代わりせざるを得ず、「保護者へ届けていた『園だより』を配布できないかも……」という保育士からの連絡が入ると、すぐに練馬の園へ駆けつけました。私は急遽「園だより」を作成し、保護者への配布分を担任の先生に渡して事態が悪化するのをなんとか防ぎました。

そんなとき、医師の忠告が頭をよぎります。

「しかたない……。今は体よりも園を守ること、子どもたちの保育園を守ることが第一優先！　代わりは私しかいないんだから」

帰り道、自分にそう言い聞かせました。

その翌日は祝日でした。

午前7時半に急に腹部に痛みを感じ、慌てました。出産予定日にはまだだいぶ日にちがあったのです。まさか……。すぐに母に連絡を入れると、近所に住んでいた両親が駆けつけ、タクシーを呼んでくれました。タクシーの中でも、痛みが異様なスピードで増していき、いきむことを我慢しながら痛みと戦いました。

病院に到着して看護師が子宮口を確認すると、

「全開しています!!」

両親も私も驚きました。痛みを感じてからわずか1時間足らずで子宮口が全開していたのです。全開なら、すぐに赤ちゃんが出てきます。

「とにかく、まず無事に赤ちゃんを出さないといけない！」

隣の部屋では、万が一の際にも対応できるよう、帝王切開の準備が同時に行われていました。皆があたふた動き回るなか、

「赤ちゃん……、私が無理ばかりするから、早く出ようとしてくれてるんだね……」

とふっと思いました。

しかも、保育園が休みの日を選んで出てきてくれるなんて……。本当に親孝行な子だなと、いっぱいいっぱいの毎日だった私は我が子の思いやりに涙がこぼれました。それから全身の力を振り絞りました。あっという間の出産でしたが、あの怒濤の日々のなか、無事に生まれてきてくれた直後の安堵感は今でも忘れられません。

新しい生命とともに、私自身も生まれ変わったような気分でした。

急拡大する事業とともに

出産後ほどなく、台東区の認可保育園の許可通知が届きました。次女の誕生とともに「初の認可保育園開設」の夢も実現に向けて一歩踏み出せたことで、喜びが2倍となりました。次女を連れて退院したあと、さっそく採用面接や資金繰りの準備へとスタートを切ります。この台東区の保育園は、開園が年度初めではなく2018年11月の予定とされていました。

同時に2019年4月にスタートする中野区での期限付き保育園委託運営（公立保育園扱い）の案件も動き出し、認定事業者として選出が決まります。また港区でも中野区の保育園と同時期に開設予定の認可保育園計画の準備が控えていました。この頃は、建築設計事務所のほか、個別に何社か不動産会社に物件紹介を投げかけていたことから、事業急成長の実績を買われて優先的に案件をいただけるようになっていたのです。

社会福祉法人や大手の認可保育園運営会社は見向きもしないような特殊案件なども、私のところへ紹介されることが多くなりました。特殊とは、例えば、認可保育園としては定員を受け入れるフロアが狭く、少人数保育でしか利用できそうにない物件や、2年で閉園するような期間限定の委託事業などを指します。

大手がやりたがらないものは面倒な案件のように思えますが、私はこうしたものもやれる範囲で引き受けたいと思っていました。そこに保育園の開設を待っている保護者がいる限り、微力ながら支えたいというのが保育園開設当初からの願いだったからです。

こうした状況から、出産という大仕事を終えた私を待っていたのは、新規2か所（台東区、港区）の認可保育園と1か所の行政委託型認可外保育施設（中野区）の開設準備でした。出産間もないので、まだ会陰《えいん》切開縫合の部分が痛み、まともに歩けません。それでも、合計3施設のオープンに向けた膨大な職員採用をこなさなければなりませんでした。

とくに中野区と港区は施設長の選抜から必要で、事業の急拡大と出産が同時期だったため、本部機能の強化が遅れ、一気に膨れあがった仕事を一人で担う事態となっていました。本部の人材充足を図り、右腕となれる執行役員候補の育成を急がなくてはなりません。頭ではわかっていましたが、まずは3園の開設までのひと仕事をやり遂げなければいけない。本部の体制づくりにまで時間を割く余裕がありませんでした。

しばらくは会陰切開の痛みと戦いながら面接をこなす日々でした。母親に支えられ、ぎくしゃくした歩き方で面接場所の喫茶店に向かうと、待っていた保育士の先生方はみな驚いていました。

「どうされたんですか!?　えっ！　大丈夫ですか？」

「私事で大変恐縮ですが……、じつは先週出産しまして……まだ痛みが残っていてうまく歩けなくって。せっかくお越しくださっているのに、申し訳ありません」

「出産されたばかりなんですか!?」

決まってこんな会話から面接は始まります。

みっともない姿ではありましたが、保育士の先生方には、私の保育園にかける情熱を知っていただけて、逆に共感を得られたのかもしれません。面接をするたびに、ほとんどの先生が勤務を承諾してくれました。

私は経営者の仕事において、採用面接という過程は1位、2位を争うほど面白味があると思っています。なぜなら、この日この時間に巡り合わせた「ご縁」のなかから貴重な出会いが生まれることがあるからです。面接を通して、相手の人生が垣間見え、また自分の理念との共通点をその人の中に見出しながら、相手を知っていくプロセスというのは非常に楽しいことです。

私は一度もいわゆる〝上から目線〟で応募者と接したことはありません。対等な立場、対等な人間であることを常に意識しながら、私や私の保育園に親近感を持ってもらえる面接時間となるよう、工夫していました。

保育園という場所は、やはり女性主体の職場です。女性は基本的には感情的な生き物ですから、気持ちと気持ちが通い合う面接が大切だと考えていました。数多く存在する保育園のなかから、面接の機会をこちら側がいただけたことに対して、まずは感謝の気持ちを持つことが大事なのです。

離婚の危機

そんな開設準備と既存園の本部事務処理に追われる毎日で、日々、育児と家庭と経営の3つを懸命にこなしていました。ただ、出産間もない赤ちゃんは夜泣きが酷く、退院後はまともに眠れた記憶がありません。このままだと疲労で倒れるかもしれない。私に何かあったら、子どもたちにも職場にも迷惑がかかると危機感を抱くようになりました。世間でもよく言われる「仕事と家庭生活の両立」の難しさがいよいよ襲いかかってきたのです。私の場合、さらには「事業と家庭生活の両立」です。

夫に頼ろうにも、サラリーマンなので、あらゆる拘束があります。ちょうど彼も管理職試験を控えていた時期だったことから、私以上に自由な時間も精神的な余裕もなく、夫婦喧嘩が多発するようになりました。離婚の念が強くなったのもこの頃でした。

台所のシンクで食器を洗っているとき、家事に無関心な夫を見ながら、抑制していた気持ちが爆発したこともあります。

「あのさ！　全部、私だけで必死に回して……。私のこと、子どものこと、家のことにもっと関心持てないの？」

「はぁ!?　俺も管理職試験で余裕なんてないよ。毎日夜遅くまで仕事しないといけない。俺だって必死だよ！　今回の管理職試験に賭けてるんだ。週末は少しでも勉強の時間が欲しい！　こっちも協力してほしいくらいだ。俺の都合だって考えてほしい」

「私もいっぱいいっぱいだけど、なるべく意見せず、パパが出したスケジュール通りに時間を工面《くめん》してるじゃん。どんなに余裕がなくても、いつもパパの仕事と都合を優先できるようにしてきたよ……。私は、私の都合を考えてほしいっていうわけじゃなくて、せめて労《ねぎら》いの言葉があったり、疲れたときに寄りかかれる肩があればって……それだけ。それだけで私はどんなに救われるか……」

「全部ママが自分で選んだ道でしょ。起業も今の状態も全部……。俺は最初から稼いでほしいとは一言も言っていないし、ママが選んだ道をずっと見守ってきた」

「……」

涙が止まりませんでした。

「自分で選んだ道でしょ」というフレーズが、呪われた言霊《ことだま》のように頭の中で渦を巻いています。

「そうか……、自分で選んだ道だから。これは自己責任だよね……」

夫は理工学部出身なので、昔から典型的な理系脳です。「効率、根拠、自己責任」が口癖で、自分にも家族にも厳しい人です。慈《いつく》しむことやなだめるような感情表現は、もともと得意とはいえない性格かもしれません。

「ママは凄すぎるときあるから……。女性として見れないよ」

とうなだれて語っていたこともありました。

確かに、私には昔から「女性として見られたい」という願望は全くありませんでした。自分のためにかわいくする、オシャレをすることはできても、それは「男性に見せたい」という動機からではありません。男性とは常に対等の立場でいたいし、そもそも男性に甘えるという考えがよくわからないのです。夫婦関係においても、お互い対等な立場でやるべきことを務めていました。

結婚したからといって、どちらか一方に人生のすべてを委《ゆだ》ねるなんてリスキーすぎて、仕事を手放すとか稼ぎがなくなるという選択肢は絶対に取りたくありませんでした。夫婦とは結婚することで生活水準をより高め合える関係だと考えています。どちらかがどちらかに依存するのではなく、一緒に生活していても離れていても、互いに「個」を極められ、それなりの価値創造ができる人生の「同志」であるのが理想的だと思っています。

きっと、今はそのバランスが少し崩れかけているんだと感じました。私は起ち上げた事業と家庭の両方を全うしたかったあまり、外でまとっていた鎧を、家の中で外すことを忘れていたのでしょう。家族の前でも常に戦闘モードでいたのかもしれません。

あとから夫に、「どうせ私は女性じゃないもんね！　離婚して女性らしいかわいい人を見つけてもいいよ」と、前に言われた言葉を茶化して返したことがあります。夫は「あのときは褒める意味で言ったんだよ」とフォローしていましたが、当時は彼も彼なりに複雑な心境だったのだと思います。

なぜこんなに頑張って、育児も家事も、家庭の経済も支えているのに思いやりがないのか……。愛情をかけてくれないのか……。疲れきったときに、ただ寄り添える肩が欲しいだけなのに……。それすら叶えられないなら、「夫婦」としてともに生活する必要性はあるのか？　あの頃、私はそう自問自答を繰り返しました。

同志だからこそ、こういうときこそ労《いたわ》りの言葉が欲しいだけなのに……と。

でも、少し冷静になって振り返ってみると、私が鎧をつけている姿だから、彼も戦闘態勢だったのかなと思うようになりました。家の中でも二人して戦闘モードでいては、気が安まるわけがない。夫婦は、互いを映す鏡でもあります。思いやりとか愛情云々以前に、この態勢をなんとかしないといけないと思いました。

家事・育児のアウトソーシングと夫婦の在り方

他人を変えることはとても困難ですが、自分はまだコントロールできます。まずは、自分が家にいるときに「鎧」を外してみないことには、何も始まらないのかもしれません。現状を少しでも改善しなければと思いました。

けれど、事業が勢いに乗るときというのは、歯止めがききません。同時に育児と経営という重圧に押しつぶされそうになるプレッシャーも感じていました。経営に手は抜けません。では、育児の部分をどうにか、せめて新園の開設までの期限付きでも緩和できないか……。

「そうだ！　家政婦さんを雇用しよう」

育児や家庭の状況を改善するため、自分の給与分から家政婦さんを雇用するための費用を捻出することにしました。ひとまずこれ以上、睡眠負債を増やさないように、赤ちゃんの夜の寝かしつけをお願いしようと思いました。

中国人で年配の家政婦さんをシッター兼で雇用し、夕方16時から子どもの夕食作りと食事のお世話、入浴、寝かしつけ、そして翌日の朝食の用意や娘たちの登園準備……と、私が保育園に連れていく直前の朝9時までの勤務を、とりあえず3園の認可保育園開設までお願いすることにしました。家政婦さんが来てくれるようになり、私の夜の睡眠はだいぶ改善されました。

おかげで昼間の仕事への集中力が上がり、港区や中野区の行政へ提出する書類などは、期限までに用意することができました。また、人材採用と既存園の運営業務も順調に進み、一気に心が軽くなっていくのを感じていました。

「育児」というものは、とくに0歳から幼児期の子どもを育てるということは、女性の生活においてここまで影響があり、負担がかかるものなのかと身に染みて実感しました。

唯一救われたのは、自営ということもあり、自分のペースで仕事の切り替えのタイミングを決められたことです。仕事の量を自分で調整ができるというのが自営のメリットであり、全責任を自分で負う代わりに、仕事の中身の判断も仕事の仕方も自分次第なのです。「育児」をしながらでも、世の中のため、どこかで困っているママたちのために、ささやかながらも貢献ができる喜びは何ものにも代えがたいものでした。

家政婦さんの雇用という、第三者の力を借りたことで、家事と育児を分担してくれる人ができ、家にいるときは、私は少しずつ「鎧」を外す努力をしました。具体的には夫を尊重し、彼が仕事を全うできるよう、負担をなるべくかけないことです。

すぐに感情的にならない、「親しき仲にも礼儀あり」。そんな夫婦でいいのではないかと思いました。彼が大切にしているものを大切にし、私も私が大切にしているものを大切にします。夫の場合、例えばそれは「仕事での成果」でしたが、それなら、とことん彼が仕事で全うできるように支えればよいと思いました。

私が彼に忖度《そんたく》したのではなく、安定した育児環境を構築するために、夫婦はお互いの情緒の安定が大前提だと考えてのことです。同じように仕事を持っていて、どちらが忙しいかと比べることはナンセンスです。仕事内容も職場環境も立場も違うのですから。お互いに仕事が好きで、そこに全力を注ぎたいとの思いがあるならば、すべて100点満点であってほしいと欲張ってはいけないのです。

事業経営の成功なのか、安定した幸せな家庭生活なのか……。両方欲しいなら、それぞれ70点でいいかもしれません。限界を感じているときは、無理してすべてにしがみつく必要もないのではないか。人生を生きていくうえでは、そう考えられることが大事なのだと思います。事業で納得できる成果を得られたら、その日がきたら、事業を捨てて子どもたちを選択しようと心に決めました。自分の子どもたちは、私にとって何よりも得難い大切なものです。唯一無二であり、自分の命よりも尊い存在です。

そして、子どもを育てる基盤はやはり家庭にあります。とにかく、些細《ささい》なことでもいいので、夫へ「ありがとう」の声掛けを意識しました。こうして感謝を伝えながら丁寧に接していると、自然と彼も落ち着くようになっていきました。率先して長女をユニバーサル・スタジオ・ジャパンへ1泊旅行に連れていってくれたり、週末、私のほうに仕事が入ると、子どもたちの子守《こも》りをしてくれたりと、娘たちのことを第一に考えてくれるパパに変わっていきました。

もちろん、今でも現在進行形で日々、夫婦間の試練はあります。でも、長い人生、もし離婚という選択肢に至らない結論が出たならば、互いに尊重し合い、子育てのパートナーとして、人生の同志として、親友としての形を大いに楽しむほうが、何倍も素敵な毎日になります。「個」を大事にするからこそ、お互いを思いやれるということがあると思います。

夫婦とは、一足の靴。どんな履き心地なのかは当の本人たちにしかわかりません。外見がキラキラでも、靴を脱げば足はマメだらけだったり、逆に外見が素朴な布靴でも、やわらかく心地よかったり……。それぞれの夫婦の形があるのです。大切なのは、無理をしないこと、自然体で過ごせることではないでしょうか。自分たちに最適な関係と絆を見つけることです。そして、互いへの感謝の心と労りがなければ、何十年も一緒になんて、とても暮らしていけません。現状を「がまん」するのか、「改善」させていくのか、自分たち次第です。

私が理想とするのは、子どもの存在に縛られない夫婦関係、つまり二人が離れたときはそれぞれが輝く「個」の存在であり、一緒にいるときは、その輝きがパワーアップされた「双」になれるということです。

保育園運営においての「リーダーシップ」とは

２０１６年４月の１園目開設以来、３年後の２０１９年４月には小規模認可保育園、認可保育園、行政委託型認可外保育施設と、横浜市と東京都に計６園を展開することに成功しました。まさに怒濤の３年間でした。この間、女性特有ではありますが、妊娠し、流産と出産まで経験しました。

人間の脳が本当に不思議だなと思うのは、「大変だった」という苦労の記憶は、乗り越えたときには「やってよかった」というプラス思考に自動変換されるということです。小さな子どもたちなら、「成功体験」というところでしょうか。成人して大人になっても、何か峠を越えて苦労を積み重ねることは「成功体験」へと繋がり、よき人生の「糧」となります。

保育園事業開始当初は人員集めにひと苦労していたのが、３年で一気に90人規模に増えました。新規開園のラッシュが続き、今こそ、課題としてずっと気になっていた本部組織の改革に踏み切るタイミングです。私の右腕となる「後任者」を育てることも組織の経営にとっては重要な任務だと認識していました。

ここで、改めて「リーダーシップ」とは何か、自分の経営者としての強みと弱みに向き合うことにしました。

「マネジメントの父」と呼ばれる経営学者、ピーター・ドラッカーは「リーダーシップとは仕事である」と述べています。

「達成すべき目標や優先順位の決定、組織内での基準を定める決断力を仕事として発揮でき、時には妥協しながらも維持すること」が大切だと提唱しています。

つまり、鋭い「即断・即決」の力と揺るぎない信念を心に抱きながら、周りの人を動かしていく力といえるでしょう。私がかつて勤務していた全日本空輸でもそうですが、大企業では、度々リーダーシップの提唱が行われます。

ただ、私は組織勤務と独立起業の双方を経験したため、「リーダーシップ」と「マネジメント」を混同してしまっている場合があるのではないか、と個人的には思っており、「リーダーシップ」と「マネジメント」は大きく異なる発想だと感じています。

●リーダーシップ……組織に向かう方向とゴールを示して先導する

（無から新しく創造できる力）

●マネジメント……目標達成のプロセスを管理する
（既存の環境を活かし、維持できる力）

このような違いがあると思います。

私の場合、リーダーシップを発揮し、園長たち管理職が与えられた環境下でいかにマネジメントを安定させられるかが使命でした。保育園は「物」を扱う貿易や製造業とは異なり、「人」を通してサービスを行っていきますので、「人」に特化したリーダーシップを発揮する必要があると感じていました。「この人と一緒に仕事をしたい、この人についていきたい！」と思われるような魅力ある経営者になるためには、「才」より「徳」を磨かなくてはなりません。「才」は戦略的に物事を考えられる頭脳の回転の速さや財務知識などのスキルの部分ですが、会社を経営すれば、社労士、税理士、弁護士など各専門分野のエキスパートとタッグを組むことができますので、そうした方々にアドバイスをもらいながら、これらのスキルは磨くことが可能です。

一方で「徳」、いわゆる「人徳」の部分は、その人が持つ最も人間的な魅力なので、自分自身で向き合うしかありません。そのとき私は、組織が社員数90名にまでに拡大した今、いま一度自身と向き合い、組織のトップとしての「人格」磨きが必須だと強く感じていました。

実際、当時の私はまだ30代前半という年齢でしたが、園を支えてくれているのは園長をはじめ主任層やある程度保育経験を積んでいる保育士でしたから、みな私より年上であることが当たり前でした。

会社の半分以上の職員が自身より年上であるという、こういった組織を牽引していくには、「親しみやすさ」「努力家」「共感できる信念」というキーワードが大切なのではないかと思います。

これまでも、急拡大していく組織を構成して束ねられた背景には、自ら率先して動いていく私がいたと思うのです。人任せにするのではなく、先陣きって取りにいく姿勢でした。これからは、本部を含め人材育成を強化し、保護者と子どもたちがさらに安心できる保育環境を目指したサービス内容の向上を目標に掲げていこう！　私自身もリーダーシップの根本をもう一度見つめ、人を信頼し任せていける環境をつくっていこうと決意しました。

その一環というわけではありませんが、私は起業当初から「ＴＯ　ＤＯ」ノートというものを作成していました。毎日やることを前日の夜までに書き出し、やれたことは必ず二重線で消していく経営や業務上の自己管理ノートです。その日の終わりに二重線で消したものを整理し、やりきれなかったことと新たにやることを新しいページに書き出します。

リーダーとして研鑽を積むために、さっそく「TO　DO」ノートの新しいページにこう書きました。

〔今年のTO　DO〕　※ここでの今年は2019年です

●毎月2回、必ず各園を巡回する

↓現場職員の様子をみる

↓園長と面談をする（園の課題を共有、人員管理、保育環境の把握）

●半年に1回、本部会議室にて園長会を設定する

↓各園の情報交換、課題共有

↓本部としてしっかり各園のパイプ的役割を果たす

●○○月までに本部組織の人員補充を行う
↓本部機能の強化
↓総務・人事サポート……1名
↓統括……1名（後任者の育成）

●○○月までに顧問税理士決定
↓財務部分の強化（認可保育園の巡回監査に対応できる財務体制を構築する）

園数の急拡大で整えられなかった組織の中身を強化し、これまでの「自分でやる」から「自分を中心に組織で動く」への組織改革を図ろうと考えていました。明白なゴールとその期限を決め、実行していくサイクルを組織レベルで落とし込む改革が必要です。

●職員を信頼し、各現場のマネジメントは任せていく
●本部機能を強化し、組織の中心軸を太いものにしていく
●人徳を磨き、人の心に共鳴できる経営リーダーになる

新たに自分自身にもビジョンを課すことにしました。

「適材・適所」という人員配置の難しさ

6園の開設を終え、それぞれ安定運営を目指しました。保育園は、まず何よりも「安全な保育」であることが基本です。登園から保護者のお迎えまで、子どもたちが1日無事にケガなく園で過ごし、1日の生活の締めくくりを親たちへバトンタッチすることが重要な使命なのです。このために、一人ひとりの保育士、栄養士、調理師、看護師たちが前向きな姿勢で業務に取り組み、「子ども主体の保育」を行っていく人員管理の質も求められました。

保育園というのは、外からは見えにくい閉鎖された職場環境です。男性保育士も少しずつ増えているかもしれませんが、まだほとんどの園は女性職員で構成され、限られた空間で長時間、ある一定数の女性がチームとなって仕事を担っている世界です。

女性環境ならではの「人間関係」から生じる悩みに苦しみ、保育の質に影響を及ぼす事態が各園の保育士たち（園長以外）から報告されるようになりました。閉鎖された空間で女性職員が多くの割合を占める環境は保育園特有であるため、やはり派閥ができたり仲間はずれが起きたり、些細な状況からであっても精神面の辛さへと発展しがちです。

私はまず、各マネジメントのトップである園長からヒアリングし、現場でできる対応策を検討しました。職場の人間関係で悩みがある保育士の勤務ポジションを変更したり、勤務パターンを調整するなどです。

それでも改善が難しい場合は、私も該当保育士たちのヒアリングを行い、課題点を現場のマネジメントをしながら見つけていくことに尽力しました。とはいえ、閉鎖的な空間では、人間関係の問題からの職員間の調整が困難なときもあります。

こうした事態を目の当たりにし、さらに幅広く各園で職員間の異動を行い、交流を図れる研修制度の充実が必要だと感じるようになりました。事実、横浜市青葉区（2園）、東京都練馬区、台東区、中野区、港区と異なる地域に園を構えてはいますが、まだまだ職員異動が柔軟かつスムーズにできる拠点数ではありません。

しかし、1園目開設からの3年間で、私自身の流産と出産に加え、新規園開設や既存園運営に没頭し、家事・育児をしながらでは、もはや身も心もいっぱいいっぱいの状況でした。

そのうえ、2020年4月開園を予定していた川崎市中原区の新規認可保育園開設計画も浮上していたのです。このまま1年に1園開園のペースに、まだ幼い子ども二人を抱えながら、自分の体のコンディションを保っていけるか、ここへきて再び、本当に危機感を抱くようになっていました。次女出産後、睡眠不足にならざるを得なかった日々、夫への苛立ちが募っていったときには、家事・育児のアウトソーシングで改善策を見出すことができましたが、園数が増えていくほどには、本部機能の強化に手が回らない状況から抜け出せていませんでした（かつての家政婦さんにはとても助けられましたが、中国へ帰るという事情により、1年半ほどでアウトソーシングは終えていました）。

しかし事業を経営するのに、弱音と迷いは禁物です。

体調面の不安要素はあるものの、自分自身でそれを調整していくのも経営者の仕事の一つです。並行して後任者の育成を確実に進めていければ、きっと組織の強化が図れるはずと気を引き締め直し、川崎市中原区で予定されている認可保育園の次年度開設に向けて準備に取り掛かりました。

今回は3階建てのビルを認可保育園仕様に改装していくとの話です。実現すれば、ビル丸ごと一棟の保育園ということで、私が保育事業を手掛けるなかでは最大規模の園となります。

大家さんにもお会いして、私がまさに保育園児を抱えたリアルママだということもあり、保育事業の必要性には十分に理解を示してくれました。保育園として建物が生まれ変わったら、とても嬉しいという言葉もいただきました。

近隣への説明についても、密集した住宅街ではなかったので、今までの開設園同様、施設から半径100メートル以内の住宅に開設通知を配布しました。一軒一軒回り、不在のお宅にはチラシを投函して連絡先を記載しました。

川崎市とも協議を進め、募集要項に沿った応募資料の作成、提出、行政側との面談を終え、無事仮認可が下りました。開設予定園として、中原区から配布される「認可保育園入園のしおり」に情報が掲載されました。

保護者向けの開設説明会には多くの方の参加があり、この地区においても待機児童の多さを改めて実感することになりました。これまでの開設園のときと同様、認可保育園開設を通して、少しでも地域貢献ができたらいいなと感じていました。

初めて直面した園開設に伴う近隣トラブル

ところが、このタイミングで本部へ一本の電話が入りました。

「開設には納得できない」とのご意見でした。

認可保育園開設の通知チラシを見ていない、ポストに入ったままで見るのが遅くなったとのことです。ご住所を伺うと開設予定地のすぐ近くに住む方だったので、まずは迅速なご意見の汲み取りができなかったことに対しお詫びを申し上げ、翌日、すぐに訪問して説明をすることとなりました。

かなりご立腹の様子で、なかなか前向きな交渉ができませんでした。

子どもが近隣にいること自体、生理的に受けつけないのか、子どもであれ親であれ、大勢集まると大きな声になるという、いわゆる騒音（うるさいこと）がダメなのか。それとも、自分への説明が後回しになったことが気に入らないのか……。開園に異議を唱える人の意見は、それこそ10人いれば10通りあるでしょう。どんな意見にせよ、こちらは誠意を尽くすしかありません。

後日、大家さんも一緒に挨拶に行ってくれましたが、全く納得いただける様子ではありません。現時点で開設反対はこの方のみとはいえ、このまま強行して開設へと移行するのは、開設後の安全運営にも影響があると感じ、しかたなく行政へ開設辞退の相談をすることにしました。

ただ、承認が下り新設保育園開設として情報の周知も完了しているので、事業者としての辞退はもう不可でした。

「後へ退く道はなく、どんなに前途多難だとしても前へ進むしかない」

開設説明会へ来てくれた保護者や子どもたちの期待に溢れる表情を思い浮かべながら、「待っている人がいる！　やるしかない！」と再度、気持ちを奮い立たせるしかありません。

しかし当該住民への説得は容易には進みませんでした。一方で、行政からは開設予定日に向けて「確実な開園を」とも促されていました。施工工事を進めながら、開設に納得いただけるまで根気よく対応する以外に手立てはありません。

開設がすでに決定している今、どこが着地点なのか……と、毎日模索していました。住民の方からのご要望に対し、園側で実現可能な要件はできる限りお約束しました。実現可能な要件とは、例えば登降園時の送迎について、隣の店の前を通るときには、保護者が自転車を必ず降りて通行すること、登降園の混雑時には必ず園長もしくは職員が交通誘導を行うことなどです。また、防音効果のある内装施工もご説明しました。

様々な努力をしましたが、納得いただけず、市議会議員や行政へもクレームを入れられ、保育園建設反対の署名活動を始められたりと、開園日当日まで保育園開設への反対意見を翻《ひるがえ》すことはありませんでした。

このような状況のなか、誠意を尽くせば尽くすほど、私自身の疲労もピークに達していきました。後からふと気がついたのですが、反対された原因はこれだったのかなという出来事に思いあたりました。開設準備の当初、人を通して何度か、その方の自店舗商品の納品を匂わせた提案があったのです。それを私はとくに気にすることなく、悪気もなくですが、結果として受け入れませんでした。このことにより、クレーム態度が硬化したようにも思えます。

発注を最初から却下したわけではなく、ご提案いただいた時点で施工会社に相談していました。ただ、当該商品はすでに別の取引先へ発注済みでキャンセルはできないというのが理由でした。今だからこそ言えますが、せっかくご提案をいただいたことに対して、もう少し柔軟にほかの方法ででも便宜を図るべきだったと感じます。

行政との取り決めを破ることは許されず、川崎市の保育園はなんとか開設まで辿り着きましたが、開設後も反対し続ける住民の方が納得するまで、園長をはじめ職員たちにも細心の注意を払った運営を心掛けるように伝えました。

保育園事業の起ち上げを考えてから、ここまで4年余り。怒濤のように駆け抜けた年月でした。

7園目となる新規開設園が2020年4月の開園を迎えるなか、中野区の期限付き行政委託型保育園では、2年間の運営期限を終えました。保育園事業をスタートさせて4年間に起こった様々な出来事を振り返り、直近で翻弄された近隣住民のクレーム対応を思い起こしながら、果たして自らの力でこれ以上、どこまで組織を導いていけるのか、自信が揺らぎ、自分が脆《もろ》くなっていることを感じていました。

人間は機械ではありません。

機械でさえも、メンテナンスを怠れば機能維持ができません。本部組織のマネジメント強化のために配置した人員の成長や、現時点で合計6園の認可保育園で勤務する現場の職員たちの育成は、まさにこれからが本番なのです。

そんな事業体の成長期に、自分のメンテナンスもしないでやっていけるのだろうか。

例えば私に何かあったとき、果たして90人近い職員たちを誰が守るのか？　そんな不安が常に付きまとうようになりました。前々から課題と認識していた「TO　DO」ノートの後継者育成が達成できずにいたのです。目先の問題が起こると、現責任者としての対応でどうしても時間を取られてしまい、この時点でも手が回っていませんでした。今後、業務の拡大を抑えたとしても、もし明日にでも私がいなくなったら、誰が陣頭指揮をとるのか。

保育園事業が成長期に入っている今だからこそ、守るべきは職員たちなのではないか……。第三者の、どこか大きな組織の力を拝借したほうが、より確実に、スピーディーに組織の安定を図れるのではないか……。そうした考えが次々と湧くようになっていました。

きっかけは川崎市の保育園開設での徹底した反対意見のことだったかもしれませんが、本当はずっと心の中で、とげのように引っかかってもいたのでしょう。

初めて、企業譲渡の念が頭をよぎりました。

迷いに迷った「保育園譲渡」を最高益が出た年に決断

自分が一生懸命、ゼロから起ち上げた保育園事業です。企業譲渡をするにも、私のこの思いを本当にわかってくれる人に譲りたい。もしそうした人と出会えなければ、やはりこのまま保育園を続けるしかない。そう思っていました。

譲渡か、継続か。

この決断をするには、まず保育園譲渡の可能性があるかどうかを調べる必要がありました。効率的な経営には常にスピーディーな判断→決断→実行のサイクルが必要です。

私は一度心が動き出すと、すぐ実行に移すことが習慣になっていました。

M&A（Mergers and Acquisitions）、いわゆる事業譲渡の仲介業者からヒアリングを行い、保育園事業には、異業種と同業種双方から高い需要があることを知りました。

仲介業者を通じて何社かと顔合わせの場をいただき、保育業務に関わるビジョン、熱意、福祉事業経験などを確認していきます。

その結果、最も経営理念と方針が合致する大手企業と巡り合うことができました。やはり保育事業をゼロから起ち上げた会社でした。ここの担当役員の方が、初対面のときにまずかけてくれた言葉が、

「いや、大変だったでしょう……、ここまでくるの……」

心の奥底からにじみ出るようなそのひと言に、気を張り続けていた私は、体中の力が抜けて思わず涙が溢れました。

実際に同じ境遇に置かれたことのある人にしか、出てこない言葉だと思えました。この人

も、私と同じように保育園業務を苦心して行ってきたんだ……、そう感じると、起業してから初めて、第三者の前で号泣している私がいました。

どんなことがあっても、トップたる者、人前で涙を見せることなんて許されないと自分に言い聞かせてきたのです。どんなに辛くても、泣くときは夜こっそり一人で……。決して他人に涙は見せない。そう思っていたのに、このひと言で感情を堰《せ》き止めていたダムが一気に崩れ落ちた感覚でした。

この方には、何よりも最大限、「マリー保育園」の経営方針と従業員をすべて守ることを約束してくれた誠意に心を打たれました。こうした方がトップ陣営にいる企業ならば、組織体制構築の課題を一気に解決できると確信しました。私一人でやるなら、あと何年かかるかわかりません。大きな企業の中に入ることによって、一気に拠点数も増え、職員間異動の選択肢が広がるだけでなく、人事制度から運営まで、長年構築されてきた経験から堅固な組織体制となるにちがいない。本部体制も今より強固になって、太い支柱の下でさらに安定した園運営が実現できるはずだと思いました。

そう判断した私の決断は迅速でした。個人よりも園の職員と子どもたちの明るい未来のために、この企業になら託せる！と決意しました。

まずは、顧問税理士に報告しました。

「今年、会社的には最高益を出していますが、本当によろしいのでしょうか？　これからのような気もしますが……」

この年は年商が5億を超え、財務面に限れば組織は著しい成長を見せていました。

「ご存じの通り、私自身の体のコンディションや子どもたちを育てながらの環境を考慮すると、今後の組織にとってはこの方法が最善であると判断しました。職員たちにとっても最短で働きやすい環境構築の実現となります。私はここまで全身全霊でやってきました。後悔はありません」

「……そうですか……、例えば、もし可能ならご主人に代表取締役を譲り、会長に退くことなどでは打開策になりませんか？」

「それについては、考えたこともありますが、彼には彼の人生があり、この先もやるべきことがあります。私の仕事が一方的に彼に影響してしまうようなことはしたくないんです。そして何よりも、人には向き不向きありますから」

「わかりました。ご決断なさったことなら、できる限り最後までフォローさせていただきます」

ここまで一番身近で組織の成長を見守ってくださっていた税理士の理解を得て、取引先、各行政、管理職の職員たちへと事業譲渡の決意を順次伝えました。

とくに事業者変更に関わる認可変更の手続きは行政ごとに異なり、一件一件、譲渡先企業の担当者も交えて対応していきました（認可変更手続きとは、私の会社に対して保育園運営の認可を行った事項を、譲渡先の会社へ新たに移行することをいいます）。

また、職員への説明においても、動揺が起こらないよう細心の注意を払って、園長会議で経緯と今後の移行手順について丁寧に伝えました。このとき、譲渡先企業が上場直前だったため、上場が完了するまで外部へ情報を開示できないという事情が重なり、職員にこの話を伝えるタイミングが譲渡直前になったのですが、このことはやはり気がかりでした。

ただ、これまで本部機能のほとんどを私一人でこなしてきたことを園長先生たちも皆知っていたので、私の体調面の不安からの決断であること、今後の運営先が大手企業になることがわかると安心してくれたようで、スムーズに賛同してもらえました。

そして、序章冒頭に書いた調印式の日を迎えます。

捺印の直前には、改めて涙が溢れました。愛情込めて育ててきた子どもを養子に出すような気持ちになりながらも、肩に積みあがっていた何十トンもの石がスーッと消えていくのを感じました。このときの喪失感と安堵感が入り混じった奇妙な感覚は、一生忘れることはないと思います。

「あぁ、やっと役目を終えた……」

「これからは一人の母親として、自分の子どもたちを見よう……」

そう心に誓いました。

その後、半年ほどゆっくり休み、資本を移行して、現在は資産運用の法人を始めています。育児に専念できる環境を構築したので、自分のペースで無理なくビジネスができるようになりました。これから、新たな私の人生が再スタートします。しばらくは、事業拡大よりも、自分の子どもたちを育てることへ時間を充てるステージにしたいと考えています。

「これからは、今まで力を入れられなかった、母親としての人生の実りを開花させたい」

子どもたちは何ものにも代えがたい宝です。そして、子どもは日々成長して変化していきます。子どもたちの「今」という時間も、私の人生の時間同様にかけがえのないものなのです。娘たちの人生が豊かになるよう、我が子にとってたった一人の存在である母にしかできないサポートをしていこうと決心しました。

現時点の人生において、私が一番欲しいもの、全うしたいことが、このときとても明白でした。

第5章

The me I want to be

「なりたい私」になる

「私」を愛せる「私」になる

ここまで、私の生い立ちや仕事への思いを語ってきました。

30代半ばまでに様々な経験をした私ですが、この最後の章では、少し視点を変えて、女性目線でのお話をしたいと思います。私という人間が基準なので、すべての女性には当てはまらないかもしれません。それでも、「女性には『なりたい私（自分）』であってほしい」『私』（自分）を愛せる『私』になってほしい」と願い、すべての女性にエールを贈りたいと思っています。これが、この本を書こうと思い立った動機の大きなものでした。

かつて4歳で両親と離れ離れになってから、私は性格がぐっと暗くなっていくのを自分でも感じとっていました。家に来客があると、不安からか、すぐさまベッドの下に隠れるような引っ込み思案で内気な子に育っていったのです。

当時はコミュニケーションを取ることが大の苦手で、誰に対しても心を閉ざすようになっていました。両親は日本という国にいるらしい……、元気にしていると聞いているが、私を思うことはあるのかな……、親のことを思うたび、ふっと込みあげる寂しさで涙が自然と流れる日々でした。

中国の小学校では心無い「いじめ」にあい、小学1年生からの成績成果主義の教育方針にプレッシャーもたくさんありましたが、親に甘えることもできず、逃げる場所は存在しませんでした。

「褒めてもらうこと」でどんな気持ちになるのか、日本に来るまで、そんな経験はしたことがありません。確かに、当時、他人の目に映る私はデキがいいほうではありませんでした。母方の祖父母の家でともに暮らす従妹たちのなかで一番年上でしたが、成績優秀な従妹と比べると、いつもパッとしない子で、かわいげがなかったと思います。いわゆる「自己肯定感」が極めて低い子どもに成長していたことは、紛れもない事実です。

そんな私の将来を期待する大人も周りにいませんし、私自身、「私」に期待などしていませんでした。

「どうせ、私なんか……」

「こんな私に幸せはやってくるのか」

幼いながらに、そんなことばかり脳裏にありました。自分は「幸せになる資格のない人間」なのだと、どこかで決めつけていたのです。

1990年代の中国では、私のような「留守児童」と呼ばれる子どもたちがたくさんいました。両親が出稼ぎで海外へ、または同じ中国国内であっても地方から遠方の都市へと出てしまい、年に1回会うことがやっとというような状況で、祖父母や親族に預けられる子どもたちのことです。あの頃、どれほどの「留守児童」が私と同じ境遇だったのか……。明日のパンのために奮闘する親と、親の愛情に飢え続ける子どもが多くいた、そんな時代でした。

ここ数十年で目覚ましい経済成長を遂げ、中国は豊かになっていきますが、それとともに「留守児童」の数も減っていると聞きます。豊かさからの安心感が得られたために、教育の質が向上し、親が自ら子どもを育てることの大切さも徐々に浸透していきました。

話を戻しましょう。そんな、ひと言でいうと暗い性格の私を変えてくれたのは、間違いなく日本だったと思います。

何も知らない異国で、小学4年生からの私は劇的に変わりました。何にも抑圧されない「自由な私」になれたのです。それは、蛇の脱皮のような変わりようだったかもしれません。

自信がなく、何ごとも前向きに考えられないような人間から、なんでも自分でこなして挑戦できるような性格へと変貌しました。きっかけは、やはり日本に来てから初めて味わった両親の愛情と温かさ、そして学校の先生や友達のからの励ましだったと思います。

来日当初はそれこそ、それまで受けてきた抗日教育のため、「日本人は侵略戦争を起こし、多くの中国人を無残に殺した！」という残忍な印象しかありませんでした。それが、いつしか「よくできました」という日本語を先生から聞けることが何よりの喜びとなり、懸命に日本語を覚えるようになっていきました。

中国人だから！　日本人だから！　そんな枠組みではないのです。どの国にもいい人もいるし悪い人もいる。確かに戦争当時、中国人を虐殺した日本兵はいたかもしれません。戦争は悲しい残像を残しました。でも、経験していない憎しみを何世代にもわたり植えつけることで、人間が人間らしさを失うのだと悟りました。

神様が私に来日の環境（＝恵まれた環境）を与えてくださったなら、その使命を全うしようではないか。口で言うほど容易《たやす》くはないでしょうが、「微力でも日中友好の架け橋」としての自分を意識しながら生きていこうと子どもながらに決意しました。

その後、来日1年経った頃には、品川区の小学生作文コンクールで入賞を果たせるまでに日本語が上達しました。両親の中華料理屋を一緒に切り盛りしていくなかでも、お客さんたちから温かく見守ってもらい、労働と努力の尊さを学びました。

頑張ればきっと見ていてくれる人がいる――自然とそう感じるようになり、「ありがとう」という感謝の気持ちを素直に伝えられることの素晴らしさも知りました。生まれて初めて、努力することで認めてくれる人がいる環境に置かれ、「自信」を育むことができたのです。1番でなくとも、「努力」すればきっといつか実になると感じて、性格もどんどん明るくなっていきました。笑顔は魔法です。中国にいた頃はめったに見せることのなかった笑顔の力にも気づかされました。

中学では、足が速かったことから学校を代表して品川区の学校別陸上競技大会の短距離部門の50m走に出ることにもなりました。また、所属していたソフトテニス部では副部長を任され、週末はほとんど試合で遠征していたほど盛んな活動をしていました。環境には大きな変化のあった怒濤のような少女期の私でしたが、その経験は、愛せない「私」から、愛せる「私」へと変貌させてくれました。

女性に限ったことではありませんが、人によく見られたい、人から愛されたいということは、みな少なからず思っているはずです。でも、一番大事なことは、「自分自身を愛せること」ではないでしょうか。弱点も強みもひっくるめて、「私」を愛すること。では、どうすれば自分自身を愛せるようになるのでしょうか。

私は、「私」という人間を考察して強みを伸ばし、自信溢れる女性となることで、「私」を愛せるようになるのだと考えています。

自分の愛し方がわからないのに、他人から愛してほしいというのはおかしなことだと思いませんか？　自信の付け方にはいろいろなアプローチがありますが、まずはどんな些細なことでもいいので、日常において「できた」「達成した」という喜びを増やしていけるといいかもしれません。

例えば、次のようなことなどです。

●毎日朝6時に起きて30分間、ヨガをやる！
●毎月本を1冊は読む！
●出勤したら、必ず顔を合わせたすべての人に「おはようございます」の挨拶をする！

こうした小さなことの積み重ねでよいので、日常でチャレンジしてみることを増やしていると、自ずと前向きなオーラに包まれ、自分が輝いてくると思います。

「運気」が上がるとか下がるなどと言われますが、ポジティブな「良い気」を体全体に運ぶこと、それこそが「運気」なのです。良い気を自分の体に循環させることで幸運を引き寄せられれば、愛される女性になります。

まずは、自分自身を輝かせ、「私」を愛せる女性になることが、自分の人生の始まりです。

「価値交換」の原理を知る

日常生活では、思い通りにいかないことがよく起こります。

とくに人間関係の悩みは、職場の上司や同僚、親族、友人などと交われば、必ずといってよいほど多くの場面で思うような反応が得られない、気持ちが行き違うなど、思いつめる要因となることが多いものです。

こういうときの対策として、私なりの考えをお伝えしたいと思います。

まず、私たちが暮らす社会は、ほとんどの関係が「価値交換」で成り立っていることを知ってください。職場の人たち、恋人、友人、夫婦……、どれを見ても、対等の価値交換がされているときには、よりよい関係性が築かれるという法則が存在しているのです。例えば、次のようなことがいえるのではないでしょうか。

●職場において………仕事をして労働量の価値を提供する代わりに、会社から賃金を受け取る。互いに高め合う関係

●婚姻関係において…男女がそれぞれ金銭、出産、育児、家事など家庭の構築に必要な価値の提供を担う

様々な人間関係を構築していくなかで、相手に何かを求める前に、まず自分が相手にとって、どんな価値を提供できるのかを考えてみるといいと思います。

「なんで○○してくれないの？」

「夫婦だから（上司だから、部下だから、親だから、子どもだから）、○○してくれるのは当たり前」

という受け身の思想にとらわれず、相手に対して自分は同等、もしくはそれ以上の価値を

提供できているかを考えてみましょう。どうでしょうか。なかなか自分の価値の提供について、公平な目線で見つめることはできていないものです。

相手に何かを求めると同時に、自分自身の価値を常に高める努力をしていくことが、関係性をよりよくするためには大切です。そして価値の提供には、3つのカテゴリーがあると私は考えています。

1. 性的価値：魅力的な容姿（例えば清潔感）、着こなし、コミュニケーション力など
2. 経済的価値：学歴、仕事、収入、資産、生育環境など
3. 情緒的価値：相手を思いやる心、寛大な人間性、尽くす精神、人に寄り添える性格、興味・精神面での支えなど

これら3つの価値のうち、一つでもそのレベルが高ければ、いかなる関係性においても基盤が固くなります。価値交換は人間関係を保つ鉄則です。他者に必要とされる価値の提供ができる人間であり続けましょう。この努力ができるかどうかが、人間関係の問題において解決可否の分かれ道となります。

妻、母の前に一人の「個人」であれ

女性の典型的な役割分担は、やはり結婚後の「妻」、そして「母」としてです。妻としてどうあるべきか、出産すれば「母」としてどうあるべきか。

ここで大切なのは、どの役割にも決まった正解はないということです。外的要因、様々な環境の変化によって、その時代ごとに役割のイメージは変わりますし、十人十色でこなし方も違います。何よりもその前に、私たちはみな一人の「個人」なのです。自分自身の個性や感性を潰してまで「役割」に徹する必要はありません。

「私」だからできる「妻」や「母」、そして「個の私」になりましょう。

「なりたい私」を常に放棄しないことが、有意義な人生へと繋がります。

私自身が妻であり母であるので、私にとってリアルな言い方をさせていただきますが、「子どもがいるから、家庭100点、仕事0点」ということではありません。「○○だから、△△ができるはずがない」という言い方をよく耳にしますが、そうではなく、「母親70点、仕事70点、妻70点」という形でもいいと思うのです。

大事なのは、自分の中で、「出産したから、子育てに専念するために、仕事ができるわけがない」と簡単に考えないこと。子どものために、自分の人生をあきらめないことです。点数を下げていけば、ある程度の基準までは、全部手に入れることは可能なのです。できないとあきらめる前に、もう一度、自問自答してみてください。

「私は100点か0点かしか納得できない性格だから、両立は無理」と判断したならば、それも一つの選択です。「その選択をしても後悔しない」と自分自身に約束ができればよいと思います。

結婚しなくても、出産しなくても、その選択が自分の本心からの気持ちで選んだものならそれでいいのです。自分の人生なのですから。

結婚生活で努力しても、望ましい結果が得られなかった場合もあるでしょう。そのときは、一つの経験を積んで人生のステージが上がったのですから、誇りを持って目覚めた強い自分をつくることです。例えば、「経済的な自立を目指そう」と志すことや、自分の社会的評価を高めること。評価を高めるための活動は、キャリアでもボランティアでもかまわないと思います。

私や周りの友人を見ると、中国人女性はバイタリティのある人が多いと感じます。お金を稼ぐことに対する執着心、精神的・経済的自立への決意、これらが源にあるのかもしれません。私の母や私が生きてきた時代の中国は、「明日食べるパンがないかもしれない」という恐怖といつも隣り合わせでした。福祉制度が未熟な社会でしたから、自分の人生に対する自己責任の考え方が根底にあり、それによる活力がそうさせているのでしょう。

「夫が稼げばいいじゃない」という概念は、一般的な中国人女性にとってはリスクでしかないのです。自分の運命や人生を他人に委ねるほどハイリスクなことはありません。

日本人は「お金を稼ぐこと」に対して、どこか卑《いや》しいとか、みっともないという思いを持ちがちなようです。私は決してそうは思いません。もっとお金を好きになる、求めたいという願望を素直に抱いてよいのではないでしょうか。もちろん、お金がすべてではありませんが、ある程度の経済力が基盤にあるからこそ、精神が充足することは疑いようのないことです。お金は生身で生きている私たちにとって大切です。卑しいなどと感じる対象では全くないはずです。明日食べるパンがないのに、愛は語れません。

●疲れたときに自由に温泉へ行けたり、気が向いたときにホテルのスパへ行ける。
●美しさに磨きをかけたいときには、素敵なネイルや至れり尽くせりのもてなしでエステが受けられる。

●食べたかった料理を味わう「美食の旅」に出る。

……等々。

リスクから目を背けたとして、これらすべてを叶えてくれる結婚相手はどれほどいるでしょう？　結婚相手に期待する、夫に期待するよりも、自分で実現させるほうがよほど効率よく、努力した分の成果を得る確率が高いことに気づきます。今の時代、女性も男性と同等のチャンスがあります。体力ではなく、私たち女性特有のアンテナと頭脳で勝負できるのです。

自身の手で、欲しかった人生に向けて逆襲を仕掛ける勇気を持ちましょう。どんなときも、自分を成長させることが大切です。家庭に入ったからといって、生活の重心を伴侶に置くべきではありません。こんなことを書くと、世の中の男性からブーイングがくるかもしれませんが、たとえ夫婦であっても、誰かが「誰かに一方的に尽くす」という概念は本来成り立たないのです。夫婦それぞれが「個」であるならば、自己成長の機会をあきらめてまで、どちらかに依存すべきではないと私は思います。

育児もともに協力し合って、夫が妻を家政婦として見るのではなく、妻を一人の「個」として認識し、妻の成長を手助けすることでよりよい夫婦関係を築くことができるのではないでしょうか。私は女の子二人の母親です。もし子どもたちが成長していつか結婚することになったら、「どんなときも、自分をあきらめないで」と伝えたいと思います。

自分の期待に夫がどうしても応えられない場合はどうするべきか？　離婚？　別居？　既婚女性なら一度は向き合う問題ではないでしょうか。かつて、私もこの問題にぶつかった一人でしたが、私の辿り着いた答えは前述の通り「自分の価値創造に徹する」ことでした。伴侶に対して不平不満をばら撒く時間より、自分自身の価値創造をするほうが効率的なのです。他人は変えられません。けれど、自分は意識次第で変えられます。

人生は段階別に目的が異なるものです。

女性は出産・育児があるため、男性よりさらに人生の段階が細分化されるといえるでしょう。それぞれの段階において、自分が一番欲しいものは何かを考えて明白にする必要があります。その時点で最も達成したい目標が定まれば、やることを絞って人生をかけて奮闘し、邁進します。

すべてを100点満点で手に入れることはできません。何かを得れば何かを失うのが現実です。だからこそ、「正しい選択」は「努力」より大切なのです。「私」はこの世界でたった一人の、唯一無二の「私」です。人生の最後に、「いい人生だった。後悔はない」と自負できるような生き方、「私」だからこそできた人生絵巻を想像し、「なりたい私」をぜひ見つけていってほしいと思います。

「徳慧《とくけい》の学問」は一生の学び

世の中に、いわゆる学問は2種類あります。

一つは知識を学び、技術を習得する学問。もう一つが「徳慧の学問」です。人としていかに生きていくかという「人間学」といってよいかもしれません。これこそが「本当の学問」であり、大切です。受験や就職のためではなく、世のため人のために、自分は何ができるのか、どんな貢献ができるのか？　これを考えることで「なりたい私」を模索するのもよいと思います。

日々の何気ない日常で、なんとなく仕事をして、なんとなく育児をして……と、日常を流れ作業のように生きているとしたら、もったいないのです。何気ない日常にこそ、「小さな気づき」がたくさんあります。何ごとも「目的意識」を持ちながら、「やりがい」を見出してみてください。毎日が変わってくるはずです。

例えば、日々行っている仕事内容をもう一度振り返ると、単純作業であろうと、チーム制でプロジェクトを動かしていようと、そこには必ず「目的」があります。もちろん、金銭の対価としての労働でもありますが、その仕事の成果で救われたり、助けられたりと、必ず何か社会や人や動物などの役に立っていることがあるのです。

仕事を通して、社会に貢献するために何ができるかを考え、人の役に立てる人間になることを意識すると、「なんとなく仕事をする」から「目的を持って仕事をする」へとポジティブな思考に変換されます。思考を変換すれば、「私」という存在が、社会に必要とされていることを日常の節々で感じ取れるはずです。

そのうえで、自分の仕事、育児、日常が社会にとってどう役に立っているのかを意識し、世のために尽くせる人間として、「徳」を積むことを忘れないようにしましょう。

この考え方は、保育園運営時、私の大きな精神的支えとなっていました。保育園運営の先にあるものは、「在籍している子どもたちの人生を背負う」ということです。子どもたちの長い人生において、ほんの少しの間、関わることができるのです。これほど有意義な仕事はありません。

こんなことで悩んでいる、あんなことで息が詰まりそうだ……、そうした声が届くたび、苦しんでいる現場の先生たちを支えようと、私は尽力していました。そうしたとき、決まって先生方に聞いたのは、

「先生、先生は何のために保育士になろうと思いました？」

という問いでした。

女性が集まる閉鎖された環境下での仕事ですから、人間関係や業務の分担における不平不満にばかり目がいき、肝心な初心を忘れてしまうときが誰にもあります。しかしこの仕事には本来、大きなやりがいと責務があり、携わる大人も成長していかなければ、時代に応じた素晴らしい保育園は築けません。


「子どもたちの笑顔を守るのが私たちの使命です。こんなに尊い仕事はありません。この仕事ほど、成果がダイレクトにやりがいに繋がるものもないでしょう。子どもたちに手をかけた分、目の前で見られる子どもたちの成長。それが、先生の仕事の答えなのです。大人の都合で子どもたちの成育環境に影響させてはいませんか？　私たちは保育のプロです。いつ、

いかなるときでも子ども第一に考える必要があります」

当時の私の仕事は、子どもたちと職員、マリー保育園に関わるすべての人々を守ることでした。社会貢献ができているやりがいを日々感じながら、そして、誇りを持ちながら全うしていたと思います。

幸運は「不幸の衣」をまとってやってくる

動じない生き方とは、どのようなものでしょうか。

不幸な出来事があっても、ネガティブな要因があっても、それを受け入れ、自分を磨くきっかけにすることができるということだと私は思います。逆境に怯《ひる》まず、逆境を糧にできる勇気、精神力を養うことは人生においてとても大切なことです。スムーズな人生など一つもありません。生きていれば、悩み、苦しみ、葛藤が繰り返し訪れます。

こうした逆境にあるときほど、感謝の心を忘れず、自分が今あるのは、多くの人々が見えない力となって支えとなってくれたからだと自分に言い聞かせましょう。感謝の念を抱くと、プラスの波動がマイナスの波動を打ち消してくれます。

また実際、試練というものは選ばれた人にしか訪れません。この峠を越えた先にどんな景色が見えるのか？　きっと素晴らしい景色に違いないし、選ばれた「私」だからこそ、その素晴らしい景色を見る資格があるのだと考えられれば、必ず頑張る原動力になります。

不幸なことがあっても、辛いことがあっても、それは次にやってくる「幸運の道標」にすぎないのかもしれません。あきらめずに信念の軸がブレないようにしましょう。


「登山の目標は山頂と決まっている。しかし、人生の面白さはその山頂にはなく、かえって逆境の、山の中腹にある」


作家、吉川英治の言葉です。

人生はどのステップでも無駄になることはありません。たとえ今が不幸でも、そこには隠れた幸運があるのです。

魅力的な「私」になる

周りに、特別容姿が優れているわけでもないし、すごく仕事の能力があるわけでもないけれど、とにかく人から、かわいがられる女性がいませんか？　その方はどのような人でしょうか。

真に魅力ある女性というのは、「内面」の輝きに溢れている女性です。媚びるのではなく、努力する懸命な姿、明るく前向きに意気揚々と「顔晴《がんば》る」女性に人は惹きつけられるものです。

例えば、あなたは職場の上司・部下・同僚、夫婦、友人、親族……、どんな間柄でも、些細なことに感謝の気持ちを忘れず、素直に「ありがとう」と伝えられますか？　もしそれができているなら、すでに誰からもかわいがられていることでしょう。

周りの人間をできるだけ味方につける方法、それは、実に簡単なことなのです。何ごとにも前を向いて笑顔で努力でき、感謝の気持ちをこまめに伝えられる女性でいることです。人間は一人では何もできません。周りに支えられて自分がいることを意識しましょう。

「いきいき」として、「思慮深い」女性は、人を惹きつけます。職場においても、交友関係においても、自然と周りを癒し、周りを良い方向へと巻き込むことができます。

例えば、こんな女性です。

外面的なエッセンス

○奥ゆかしさ

奥ゆかしい女性は気品に満ち、どんなときも揺るがない軸があり、自信に溢れています。それでいて、謙虚で人を立てることが上手です。

こういった女性の多くは、自分が夢中になれる趣味を持っています。生け花、ダンス、書道、ヨガなどを、育児と両立しながら励んでいる方がたくさんいらして、常に自分磨きに積極的で、明るく前向きに生きている印象があります。

○人を惹きつける笑顔

笑顔を絶やさない人は、周りを明るくします。

疲れたり悩んだりしたら、自分自身と向き合って、不満そうな顔をしても泣いてもよいので、自分を解放してみましょう。そしてしばらくして元気になったら、また「笑顔の自分」をイメージして、前向きに楽しく生きられる女性になるのです。嫌な仕事をするときでも、どうせやるのなら笑顔のほうがよくないですか？　逃げるときはとことん逃げて、逃げ切ったら、笑顔の自分を取り戻しましょう。

○おしゃれができる

ファッションやメイクは女性をいきいきとさせるアイテムです。クローゼットの服、メイク道具、好きな香水、お気に入りのアクセサリーなどを眺めているとき、ささやかだけれども幸せなオーラに包まれます。年齢を重ねても、いきいきとしていたい、綺麗でありたいという気持ちは大切にしたいものです。

女性に生まれた喜びをとことん楽しみましょう。

内面的なエッセンス

○優しい心と慈《いつく》しみの心

物事や人間関係の対処には、常に柔軟に対応できるように鍛錬をしましょう。滴《したた》る水は硬い岩さえも穿《うが》つことができます。私たち女性は「水」なのです。柔らかく、優しく人々の心を潤す力を持っています。優しさと慈しみの心を持ちながら行動できると、自分自身もだんだんと落ち着いてきます。

○聡明さ

どんなときも「学び」への姿勢を怠りません。読書をしたり、新聞を読んだり、自ら知識の世界を広げています。知識は私たちに無限のエネルギーを与えてくれる素晴らしいツールですから、意識的に学びの時間を取り、知識を吸収するようにしていきましょう。忙しければ、1日15分だけでもかまいません。

○情緒が安定している

外部要因に左右され、感情を上下させることは誰にでもよくあります。ただ、どんなときも一定の時間で情緒をコントロールできるように、感情を自制する努力をしましょう。発散させたい感情は、一人でいろいろなアプローチから発散していくのです。決して、周囲を自分の感情で混乱させてはいけません。

女性は感情の生き物と言われますが、安定した情緒は、仕事上ではとくに、冷静な判断や商談へと繋がり、非常に有利に働きます。怒りに支配されそうなときは、目を閉じて、深呼吸をしてみてください。10回ほど深呼吸すれば、自然と落ち着いてくるはずです。

○物欲に支配されない

豊かな生活を実現できるきっかけとして「物欲」、つまり欲しいものがあることはとても素晴らしいことだと思います。ただ、ある定量以上の物の豊かさに触れると逆効果となることも多く、注意が必要です。行き過ぎた「物欲」は、精神的な豊かさと引き換えとなることが度々あります。心の豊かさに満たされているときこそが、豊かな生活であることを常に念頭に置いておきましょう。

「心」がいきいきとするとき、つまり充実した精神世界で満たされることが真の幸せだと思います。

最後に、外面的にも内面的にも共通するエッセンスとして「美しさ」を挙げておきたいと思います。

女性にとって、外面的にも内面的にも美しくあることは、人間としての魅力が増すだけでなく、恋愛の活力剤や夫婦の安定剤であり、何より仕事や事業におけるアドバンテージです。育児をしていても、家事に励んでいても、美しさの演出は女性が得意な分野だと感じます。表面的なことを美しく整えることで、自然と内面の美しさも増してきます。いつも、自らの考える美しさとともにあることを楽しみましょう。

「独活」と心の成長

人はそれぞれ長所と短所を持っています。良いところも悪いところも表裏一体であり、これこそが人間というものです。

私の場合の短所は「インナーチャイルド」を抱えていることでした。インナーチャイルドとは、大人の心の内側（奥底）にある「子どもの心」のことで、それが「傷ついた子どもの心」であるとき、その原因は、幼少期の辛い過酷な経験であることが多いと言われています。

学生時代に心理学を学ぶ機会があり、そうした概念を知ることができました。そこで、社会人になってすぐの頃から、この「インナーチャイルド」を意識するようにしてきました。日本に来てから自己肯定感がかなり高まったとはいえ、時々、どうしても大人になりきれない自分（インナーチャイルド）が出現します。

具体的には、すぐに「自分が悪いんだ」と自己否定をしてしまったり、「他人を信頼できない」など、やや対人恐怖症の傾向があるようです。私はこういった感情と背中合わせで生きている違和感に、比較的早い段階で気づいていました。心理学的なアプローチを学ぶ前のことです。

私たちの心には、感情や感覚を感じ取る「インナーチャイルド」と呼ばれる領域と、感情や欲求を感知し、意識的に行動しようとする「インナーアダルト（大人としての自分の基盤）」の領域があります。

「インナーチャイルド」は、「インナーアダルト」に気持ちを汲み取ってもらいたい、愛情を向けてほしいと常に願っています。この自分自身との内的会話がうまく成立し、よいコミュニケーションの循環ができると心が安定するのです。

そこで、私は定期的に心の安定と成長を図るために、自分自身の振り返りを行うよう習慣づけしています。自分の中の「インナーチャイルド」を癒してあげる作業です。何か行き詰まることがあったり、思い悩んだりすることがあると立ち止まって自分自身と対話する時間を設けるようにしたのです。私はこれを「独活」と勝手に命名しました。

起業してから、この「独活」は、「インナーチャイルド」を癒す方向から、心の成長を助ける方向へと変化していきました。

ここで「独活」のやり方を紹介しましょう。

半日もしくは1日かけて、必ず「自分」だけで行うことがポイントです。家族、友達、仕事の外部的関わりを一度全部忘れて、一人で行います。場所は、日帰り温泉、美容院、喫茶店など、自分だけの空間になれるのであれば、どこでもかまいません。その時々の「独活」に必要な時間の長さに応じて決めていきます。

何も考えずにリラックスしながら温泉を楽しむ、髪型の変化を楽しむ、おいしいコーヒーを楽しむ、それだけならこれらは単なる「息抜き」です。

「独活」はそれらの空間（環境）を用い、これまでの自分自身の行動を考察し、今抱えている悩みや課題ととことん向き合い、「本来の自分」と「なりたい自分」の自己一致を図っていく作業です。人間にとって大切な心の成長のプロセスといえるでしょう。

「独活」を終えたとき、必ずしも解決策や答えを導き出せるとは限りません。答えが出ていなくとも、心の状態が自立的でポジティブに変化し、前向きになれているなら成功です。

私たちの心は、日々様々なストレスと闘っています。仕事の成果、人間関係、育児の問題など、多方面から試練が常にやってきます。こうしたとき、行動を起こして解消に向けて動いていくことになるのですが、それには健全な「心」の状態が必要なのです。心の一番の敵は「被害者意識」に支配されることです。「しかたなくこなしている」「言われたからやっている」「私には不本意だから、なんとかやってもらいたい」……。こういった他者へ責任転嫁するネガティブ思考の心では、物事はうまく進みません。行動を起こしても、かえってトラブルになってしまいます。

「独活」の時間を有効活用して、「自分の選択だからやる、やれる」「あれがダメなら、こうしてみよう」といった自立した心の状態をつくり、現状をポジティブ思考で考えられる健全な状態へともっていきます。

そして、「独活」を成功させるためには、「本来の自分」「ありのままの自分」とはどんな状態なのか？　自分の長所と短所を含め、行動パターン、思考パターンをしっかりと理解することが、まずは前提となります。改めて考えてみると案外、自分のことは知らないものです。「独活」は自分で行う「自己啓発」です。行き詰まりそうなとき、疲れたなと感じるとき、ぜひ一度立ち止まって「自分自身」と向き合って、「なりたい私」を今一度思い起こしましょう。

「心の成長」とともに行動も安定し、ゴールをブレることなく定められるようになります。自分の運命は自分自身で主体的に掴む努力を無理のない範囲でやれたら、きっと素敵な人生になります。

人は一人で生まれ、一人で死にゆくのです。孤独を恐れず、孤独を受け入れて共存できてこそ、本当の意味での精神的自立ができるのではないかと思います。人間の群れは、有意義なものと全く無意義なものとに分類されます。人生の限られた時間と労力のなかで、効率的に群れることを私は意識しています。この群れに意味があるのか？　この群れにいることで自分は成長できるのか？　こう考えてから選択するようにし、無意義に群れるくらいなら、有意義に「独活」で自己啓発をするほうに時間を割きます。

それほど、自分と向き合う時間は大切なのです。

「引き寄せの法則」で、なりたい自分をイメージする

「引き寄せの法則」という言葉を聞いたことはありませんか？

ナポレオン・ヒルの著書『思考は現実化する』から派生した、成功法則の一つと言われています。この法則では、「意識を向けたものや強く思っていることは、良いことも悪いことも関係なく、現実として目の前に引き寄せる」とされています。なぜ強く意識したり思考をすると、それが現実として引き寄せられるのでしょうか。人間には、自分の信念や価値観に沿った能力、行動、環境を無意識に身につけようとする心理作用が働くからだと言われています。

実際、私も起業してからこの法則に出会い、できるだけ意識するようにしていました。

実践方法は、それぞれ自分に適したやり方があると思います。私の場合、「なりたい自

分」の姿を1日10分、気づいたときに脳裏に浮かべて想像します。このとき大切なのは、必ずプラスの姿だけを想像することです。不安やネガティブな気持ちは、完全に排除します。すると瞑想の力が幸せを引き寄せてくれます。

「独活」の最後に仕上げとして行うのもよし、また就寝前の習慣として行うのもいいでしょう。そして、ここでもう一つ大切なことは、具体的な目標を紙に書き、目に留まるところ（トイレ、ドア、ベッドの側など）に貼り、その目標を1日1回、毎日頭に叩き込むことです。

「○○年までにベンツを買う」
「○○年までに支店を○○店舗まで拡大する」
「○か月後に○○キロまでやせる」

この程度の一文で十分です。具体的なやり方まで記述する必要はありません。簡潔にゴールと期日を書き、見えるところに貼るだけです。暗示の力は深層心理に語りかけることができます。

また、私が実践してみて思うコツは主に次の2つです。

●「固定観念」を外す
●自分らしい望み

引き寄せたい現実があっても、固定観念が強ければ強いほど、「こうでなければならない」という思い込みが邪魔をして、自分が本当に望むことを素直に受け入れられず、歪んだ形でイメージすることになってしまうため、本来の必要な情報が受け取れなくなります。

まずは固定観念を外しましょう。

例えば、「お金持ちになりたい」を引き寄せたいとします。

お金持ちになりたいと強く想っていたとしても、「お金にばかり執着することは、よくない生き方だ」「何の取り柄もない、手段も持たない自分がお金持ちになんてなれるわけがない」という固定観念があれば、お金持ちになるための情報が転がっていたとしても、「どうせ悪いことをして稼ぐ方法だろう」「どうせ自分にはできない方法だろう」と情報を取得しようとすらしなくなってしまいます。

自分らしい望みとは、自分が無理をせず、辛さを伴わない望みのことをいいます。

人間は本能的にストレスを避ける習性が備わっているため、辛さを覚えることを無意識に避けるようにできています。だからこそ、本来の自分に適した自分らしい望みでなければなりません。

おわりに

私にとって起業とは

起業したとき、心に決めた大きな目標が2つありました。

1. 40歳までに経済的自由を得て、全日本空輸退職当時の職種における生涯年収を獲得してFIREを果たす。
2. 起業によって得た資産を効率的に運用し、次の世代へ最も効率よく安全に引き渡せるスキームを構築する。

この大きな目標は、起業の原動力ではありました。

しかしながら、保育園運営という福祉事業との出合いにより、人と人との繋がりや、社会へ貢献できる喜びが仕事をするうえでの心の支えへと変わっていきました。日本の将来を担う子どもたちの人生に、ほんのわずかな時間でも密に関われた喜びと保育士や職員たちから学ぶ奉仕の真髄が、何よりも私の糧になりました。

私の両親は、華僑一世として日本という異国の地に渡りましたから、大きなマイナスからのスタートです。

それに比べると私は二世として、両親が日本に蒔いてくれた種を少しずつではありますが、元気に育てられた気がします。今度は三世である二人の娘たちが、この芽を日本で大きな花として咲かせられるようにしてもらいたいと願っています。

娘たちの一番の教科書は、親の姿ではないでしょうか。母親として、率先して困難に立ち向かい、懸命に仕事や家事を全うする姿こそ、娘たちへの一番のギフトです。子どもは大人が驚くほど、よく親を観察しているものです。

私は、娘が小学生になってからは、仕事の内容をはじめ、悩み、やりたい目標などを機会があれば共有するようにしてきました。そんなときは、子どもとはいえ一人の立派な「女性」として意識しながら接しています。娘たちの生涯の「親友」になることが私の目標です。なぜなら、彼女たちからは、私も常に「学び」を得ていて、親子ではなく、対等に「成長」していると感じているからです。

出産を経て、私にとって起業とは、まずはパワーをつけることが目標でした。ここでいうパワーとは、率直にいうと経済力です。母親として「経済的な自立」を果たし、子どもたちが将来、これを勉強したい、これが好きだから起業してみたいと言われたときに、私の両親が私にしてくれたような「経済的援助」をスムーズにできる力が欲しかったのです。

これは私の最大ともいえるモチベーションの一つでした。そしてもう一つ、自分にできる範囲の社会貢献をし、「徳」を積む業《ごう》を成すんだという心構えがありました。これも、私の起業精神を支えるとても重要なものでした。事実、保育園事業においては「社会貢献」が最も重要なキーワードで、人と人との架け橋となる喜びこそが、利益以上に経営の「核」として中心に据えるべき大切な心構えなのです。

もちろん、起業の成功は各々の状況によっても異なるでしょう。ただ、私はモチベーションのための目標以上に、次の3つの要因さえクリアできれば、よりスムーズに成功できると思っています。

1．年単位の事業計画

2．参画する事業や分野に対しての十分な下調べと理解
3．同じ目標を共有できる参謀がいる

1に関しては、全日本空輸での勤務経験が大きく関係しています。当時、全社員向けに必ず定期的に共有されていたものがありました。それは、綿密に練られた「経営戦略」で、状況に応じて環境に変化があるたびに見直され、1か年計画、5か年計画という年間計画が必ず策定されていました。

上場企業の場合は、専門部署で先鋭を集めて策定される経営戦略なので、5か年計画、10か年計画とかなり長期的なスパンのものもありますが、起業したての小さな会社にとっては、まずは目の前の1か年計画だけでも策定できるようにするといいと思います。1年後に組織がどのような状態になっているか、経営者自らしっかりとしたプランニングが必要なのです。

2に関しては、よく就職活動の際に行われる業界研究、企業研究と似ています。これから参画する事業全体の未来展望やメリット・デメリットをよく把握することです。

私も保育園事業を始める前、建築設計事務所や行政に疑問点を数多くヒアリングしました。また、実際に施工会社を通じて、一つの運営事業者が実質的に稼働させられている認可外保育園、認証保育園、認可保育園をなるべく多く見学させてもらえるようにしていました。そして、できれば先輩経営者から生きた収支を参考までに見せてもらえるのなら、何よりの勉強になるし、細分化された収入と支出のリアルな数字からは、様々な事柄の経営推移を予想できることでしょう。

こうした生きたデータに触れるためにも、なるべく多くの下調べと人脈の形成が必要だと思います。

3は、私の場合は母になりますが、もし株式譲渡が成し得なかった場合、組織の変革をしようと考えていました。

具体的には、会社の中核を担う財務、人事、役員などの重要なポジションは、親族以外の高度な専門性を持った人材へ切り替えることです。株式譲渡のタイミングにおいては、本文でも記したように、組織が全職員80名、園児約300名の規模となっていました。さらなる事業拡大と安定運営を目指すには、親族外の第三者の専門知識を有する者が集う必要が確実にありました。

親族経営における経営はもちろんメリットもありますが、拡大路線を描くビジョンの場合には、親族だからこそ躊躇が生じることがたくさんあります。甘さも出てしまいます。ある程度の組織まで拡大させたならば、外部委託という形で経営戦略に長けているコンサルタントを導入してもよいでしょう。

経営者は常に「孤独」です。人は組織において、それぞれの立ち位置が異なれば見える景色も異なります。経営者は常に組織のトップから物事を見定める大胆さとバイタリティ、加えて実行へ向けた即断力が必須です。

同じ土俵からの眺望を従業員にも見てもらえたら、孤独に悩むことはないかもしれませんが、残念ながら、人はそれぞれのステージからしか、物事を捉えられない習性があるのです。そんな孤独な闘いには、信用できる参謀や右腕は必要不可欠です。

この3つさえクリアできれば、案外、起業のハードルは考えているほど高くないかもしれません。ひと昔前までは、「起業＝上場されるまでもっていく」のがステータスでしたし、それが起業の成功者だという認識も確かにありました。

しかしながら、今の時代、株式譲渡という出口を見つけることも、起業成功の新たな形として普遍化しつつあります。決して、大きく育てる必要はないのです。自分が納得するところまで導き、譲渡という出口を探して、また次のステージに移行することだって可能なのですから。

ただ、スムーズに退けるような魅力的な収支があるか？　もしくは収支はそれほどではなくとも、安定性があるか？　これらによって譲渡できるか否《いな》かのリスクは存在します。いつだって、「選択」は「努力」より大切なのです。

そもそも、なぜ起業するのか？　そこに将来性があるのか？

「選択」を間違ってしまうと、その後の「努力」は無駄になってしまうことがたくさんあるのです。これは起業に限ったことではありません。仕事、結婚、育児すべてのことに言える概念だと思います。

「努力」をすることはとても素晴らしいことです。ただ、よりよい努力の実りを得るためには、正しい「選択」が重要なのです。正しい「選択」を行うには、日頃から様々なことに興味を持ち、アンテナを張ることが大切です。優れた判断力はすぐに育つわけではありません。もちろん、「選択」に失敗することだってあります。そんなときは、迅速に平常心を取り戻し、どう次に舵を切るか、冷静に判断できる習慣を身につけることができると、「挑戦」を恐れない人間になれると思います。

誤解してほしくないのですが、私はなにも安易に、起業しましょうと背中を押しているわけではありません。

ただ、今の仕事がどうしても楽しくない、転職しようかな、会社勤務だと育児をしながら給料を上げることが難しいな、子育てが一段落したから次に何をしようかな、仕事探しといっても、久しぶりの社会復帰となると、パートしかないかな……等々で悩んでいる方がいるのなら、そこに起業という手段も案外、身近にあるのではないかということをお伝えできたらと思うのです。

実際に起業を経験したため、私がお伝えする内容には起業にまつわる話が多くなっているにすぎませんが、生き方の「選択」をするのは、あくまでも自分自身。あなたは、どのような人生のゴールを思い描きますか？　いざ聞かれると、意外と答えられない方が多いと思います。でも、「いい人生だった」と微笑みながら死の瞬間を迎えられたら素敵です。しっかりと、まずは人生の終点でどういう自分でありたいのか、逆算して考えてみるといいかもしれません。

これからの「私」=「ありのままの私」

この本の執筆は、自分自身にとっても「私」を見つめ直す非常にいいきっかけになりました。

人生の軌轢を改めて文字にするということは、非常に有意義な時間になるのだと感じています。保育園を手放したあと、私は資産運用の会社を運営しはじめました。娘たちへ、着実に知的資産も含め、引き継ぎができるよう、今は新たな試行錯誤の毎日です。

今後の目標は、長女が中学生になったら、娘たちと何か新しいビジネスをすることです。娘たちが興味を持って参画できる内容で、自らの責任において企画、実行、運営ができる体験を一緒にしていけたらと考えています。

今まで時間が取れず、できなかった趣味にも時間を投じるようになりました。週1回のヨガとボイストレーニングのレッスンは、何よりの楽しみです。小さい頃、歌手になるのが夢だったことを思い出し、大好きな歌をプロと一緒に練習してみようと思ったのです。ピアノを習っている娘たちと一緒に歌を練習して、いつか娘の伴奏で歌が歌えたら楽しいだろうな……と、心弾ませています。

私自身がいきいきと「ありのままの私」を生き、娘たちのよき見本になれるような「女性」を目指し続けたいです。

2024年4月　桜舞う季節に

茉莉絵

Go my way
bright myself !

〈著者略歴〉

茉莉絵（まりえ）
株式会社ブリッジスインク代表取締役社長。
1984年、中国福建省生まれ。９歳で来日し、高校生のとき、日本に帰化。
高校を首席で卒業後、慶應義塾大学文学部に入学。カリフォルニア大学リバーサイド校への１年間の留学を経て、全日本空輸株式会社（ＡＮＡ）へ新卒で入社。総合職事務職として５年間従事したのち、独立起業。代表取締役として、リサイクルショップ業や福祉事業（保育園運営）に参画。福祉事業の拡大に尽力し、４年間で株式譲渡を果たす。不動産投資にて、30代でFIRE達成。現在、６歳と９歳の女の子を育てながら、新たに社会貢献できる事業を企画中。

なりたい私へ
人生に正解はない。自分らしく咲き誇れ

2024年５月21日　第１版第１刷発行

著　者　　茉莉絵
発　行　　株式会社ＰＨＰエディターズ・グループ
〒135-0061　東京都江東区豊洲5-6-52
☎03-6204-2931
https://www.peg.co.jp/
印　刷
製　本　　シナノ印刷株式会社

ISBN978-4-910739-53-3